教育部人文社会科学研究青年项目"宋代岁时民俗文本研究"(18YJCZH083)资助

宋代岁时民俗文献研究

李文宁 著

中国社会科学出版社

图书在版编目（CIP）数据

宋代岁时民俗文献研究 / 李文宁著. —北京：中国社会科学出版社，2021.12
ISBN 978 - 7 - 5203 - 9154 - 2

Ⅰ.①宋… Ⅱ.①李… Ⅲ.①岁时节令—民俗学—文献—研究—中国—明代 Ⅳ.①K892.18②G256

中国版本图书馆 CIP 数据核字（2021）第 187437 号

出 版 人	赵剑英
责任编辑	耿晓明
责任校对	李　莉
责任印制	李寡寡

出　　版	中国社会科学出版社
社　　址	北京鼓楼西大街甲 158 号
邮　　编	100720
网　　址	http://www.csspw.cn
发 行 部	010 - 84083685
门 市 部	010 - 84029450
经　　销	新华书店及其他书店
印　　刷	北京明恒达印务有限公司
装　　订	廊坊市广阳区广增装订厂
版　　次	2021 年 12 月第 1 版
印　　次	2021 年 12 月第 1 次印刷
开　　本	710×1000　1/16
印　　张	13
插　　页	2
字　　数	202 千字
定　　价	68.00 元

凡购买中国社会科学出版社图书，如有质量问题请与本社营销中心联系调换
电话：010 - 84083683
版权所有　侵权必究

目 录

绪 论 ……………………………………………………………… (1)
  一 研究对象的界定 ………………………………………… (1)
  二 国内外研究现状及存在的问题 ………………………… (5)
  三 研究意义 ………………………………………………… (7)
  四 研究方法 ………………………………………………… (9)

第一章 宋代岁时民俗文献出现的学术渊源和时代背景 ……… (10)
  第一节 节气节日的形成 …………………………………… (10)
    一 历法节气的形成 ……………………………………… (11)
    二 中国古代节日的形成 ………………………………… (19)
  第二节 宋代岁时民俗文献产生的学术背景 ……………… (25)
    一 《夏小正》 …………………………………………… (25)
    二 《吕氏春秋·十二纪》纪首 ………………………… (28)
    三 《礼记·月令》 ……………………………………… (33)
    四 《荆楚岁时记》 ……………………………………… (35)
  第三节 宋代社会文化背景 ………………………………… (40)
    一 学术上突破陈规,崇尚义理 ………………………… (41)
    二 科举制度进一步完善 ………………………………… (43)
    三 宋代文献的丰富 ……………………………………… (45)

第二章　宋代笔记中的岁时民俗部分 …………………………（48）

第一节　《东京梦华录》中的岁时民俗部分………………（49）
一　《东京梦华录》作者版本考源…………………………（50）
二　《东京梦华录》中的岁时民俗描写……………………（54）

第二节　《梦粱录》中的岁时民俗部分……………………（67）
一　《梦粱录》作者及版本…………………………………（68）
二　《梦粱录》中的岁时民俗部分…………………………（71）

第三节　《武林旧事》中的岁时民俗部分…………………（83）
一　作者版本简介……………………………………………（84）
二　《武林旧事》中的岁时民俗部分………………………（88）

第三章　宋代类书中的岁时民俗部分 …………………………（96）

第一节　《太平御览》中的岁时民俗部分…………………（98）
一　《太平御览》时序部……………………………………（99）
二　《太平御览》时序部引用文献…………………………（106）

第二节　《事类赋》中的岁时民俗部分……………………（121）
一　《事类赋》的作者………………………………………（123）
二　《事类赋》的岁时民俗部分……………………………（124）
三　文献价值…………………………………………………（127）

第三节　《事物纪原》中的岁时民俗部分…………………（131）
一　《事物纪原》的作者……………………………………（131）
二　《事物纪原》风俗部的体例及内容……………………（132）

第四章　岁时民俗专著《岁时广记》……………………………（145）

第一节　《岁时广记》的作者和版本………………………（146）
一　作者陈元靓………………………………………………（146）

二 《岁时广记》的版本 …………………………………（147）
第二节 《岁时广记》的体例和内容 ……………………………（149）
　　一 《岁时广记》的体例 …………………………………（149）
　　二 《岁时广记》的内容 …………………………………（162）
　　三 《岁时广记》的文献价值 ……………………………（184）

参考文献 ……………………………………………………………（194）

后　记 ………………………………………………………………（201）

绪　　论

岁时民俗文献早在先秦时期已经出现，汉代以后，几乎每个朝代相继都有岁时民俗著作问世。因早期岁时民俗文献多记录节气、节令和农事，最初被归入子部农家类。自隋唐始，岁时民俗文献数量增多，一些官修类书专设岁时部。北宋仁宗时期，《崇文总目》中"史部"专列"岁时类"，此时，岁时已不仅仅是与农事有关的时间节点，它已经具备关乎国家礼制、体察民间风俗的"史"的特征。长期以来，岁时民俗文献受到民俗学、社会学及文化人类学学者的关注和重视，具有一定的研究价值，本书试图从内容和形式两方面探讨宋代岁时民俗文献。

一　研究对象的界定

"岁"字在甲骨文中已经出现，有很多学者对此概念进行过梳理、界定。如郭沫若、于省吾、容庚都认为古"岁"字的字形像一把石斧，是一种斧类砍削的工具，而《说文解字》对"年"的解释是，"年，谷孰也"。因此很多学者都认为岁与年有着极为密切的关系，是一种收获作物的工具。在远古的黄河流域，谷大约是一年一熟，因此岁被当作周期纪年单位。《说文解字》又是这样解释"岁"的，"岁，木星也。越历二十八宿，宣遍阴阳，十二月一次"[①]。木星每行一个星次为"岁"，一岁是两个冬至之间的时间长度，共

---

① （汉）许慎：《说文解字》，中华书局1963年版，第146、38页。

365.2422 日。不论是以物候还是以天文为依据,"岁"毫无疑问都是一个时间量度单位。

关于"时",《论衡·难岁》曰:"连月为时,纪时为岁。"① 《说文解字》曰:"时,四时也。从日,寺声。"② 时从日,是根据太阳一年的变化而形成的不同季节。据于省吾《岁、时起源初考》考证,原始人通过观察和经验的重复,借用某种自然现象的周而复始作为岁年或节候的标志。因社会生活的需要,从一岁中划分为春秋二时,再从二时划分为春秋冬夏四时。于省吾认为:"商代和西周只实行着二时制,四时制当发生于西周末叶。"③

简单地说,岁时就是指一年四季的节气月份。

民俗一词在我国先秦古籍中已经出现。如成书于公元前 7 世纪的《管子·正世》中记有:"古之欲正世调天下者,必先观国政,料事物,察民俗。本治乱之所生,知得失之所在,然后从事。"意思是说,古代先民欲从政以治理天下者,必须首先注意了解国政、事物和民俗,体现出当时统治者注意到民俗在社会政治生活中的重要地位和作用。

关于民俗的含义,《说文解字》:"民,众萌也",所以"民"是以众多的形式存在的人群。《说文》人部云:"俗,习也。"④《礼记·曲礼上》:"入国而问俗。"注云:"俗,谓常所行与所恶也。"《礼记·王制》云:"修其教,不移其俗。"⑤ 而最早给风俗下一个完整定义的是东汉的班固,其《汉书·地理志》中记有:"凡民函五常之性,而其刚柔缓急,音声不同,系水土之风气,故谓之风;好恶取舍,动静亡常,随君上之情欲,故谓之俗。"⑥ 班固认为因地域水土不同而形成的人的性格语气的不同谓之风,受上层统治阶级喜好的影响

---

① 黄晖:《论衡校释》,中华书局 1990 年版,第 1025 页。
② (汉)许慎《说文解字》,中华书局 1963 年版,第 137 页。
③ 于省吾:《岁、时起源初考》,《历史研究》1961 年第 4 期。
④ (清)段玉裁:《说文解字注》,上海古籍出版社 1988 年版,第 627、367 页。
⑤ (唐)孔颖达:《礼记正义》,上海古籍出版社 2008 年版,第 115、537 页。
⑥ (汉)班固:《汉书》卷 28,中华书局 1962 年版,第 1640 页。

而形成的民众的各种好恶、习惯称为俗。因此民众的生活习惯好恶取舍，其形成与所处地域气候、社会政治经济环境相关，也与统治者的导向相关。

据记载，在中国古籍中，"文献"一词，最早见于《论语》。《论语·八佾》中所记载孔子的话："夏礼，吾能言之，杞不足征也；殷礼，吾能言之，宋不足征也。文献不足故也。足，则吾能征之矣。"[①] 汉宋学者都将"文"解释为典籍，"献"解释为贤人。这种解释在后世广为流行。最早用"文献"二字名其著述的是宋末元初的马端临，他在其著作《文献通考·自序》中说："凡叙事，则本之经史而参之以历代会要，以及百家传记之书，信而有证者从之，乖异传疑者不录，所谓文也；凡论事，则先取当时臣僚之奏疏，次及近代诸儒之评论，以至名流之燕谈，稗官之记录，凡一话一言，可以订典故之得失，证史传之是非者，则采而录之，所谓献也。"[②] 从文中可知马端临编写这部书的取材有两个来源：一是书本的记载，二是学士名流的议论。张舜徽先生也对文献一词的概念进行溯源，基本认同马端临关于"文献"的说法，认为不应将具有历史价值的古迹、古物、模型、绘画包含进文献概念中。[③] 但同时也认为这些古代实物上所载有的文字属于古代文献，必须加以重视。

由上文概念分析可知，岁时民俗文献是记录民众在一年四季中特定节气和约定俗成节日中的生活习惯、各种禁忌与倡导的文字，以及学者对各种岁时民俗的研究和评议，是一种文字文本。岁时民俗文献不仅是民俗学研究的重要组成部分，也是了解古代民俗的依据，具有重要的文献学价值。早在先秦、汉代，已有多种时令文献问世，如《夏小正》《诗经·豳风·七月》《山海经·大荒经》中的有关部分，《尚书·尧典》关于四仲星的部分，《逸周书·时训解》《管子·四时》《管子·五行》《管子·幼官》《吕氏春秋·十二纪》《礼记·月

---

① 《论语》，中华书局2006年版，第29页。
② （元）马端临：《文献通考》，中华书局1986年版，考3。
③ 张舜徽：《中国文献学》，华中师范大学出版社2004年版，第3页。

令》《淮南子·时则训》《四民月令》等，这类岁时书籍一般记述一年四季物候天文变化以及与此相关的官方的倡导和禁忌。汉代以后，几乎每个朝代都有新的岁时民俗著作出现。因岁时文献与节气和农事紧密相关，最初官方将时令之书归入子部农家类。

自隋唐开始岁时民俗文献数量日渐增多，官修类书如《艺文类聚》《初学记》等都专设岁时部。这一变化也体现在书目中。真宗景德二年（1005）杜镐《龙图阁书目》在史传大类中专门列出岁时，北宋仁宗庆历元年（1041），王尧臣等修成《崇文总目》，史部专列"岁时类"。陈振孙《直斋书录解题》卷六云："前史时令之书，皆入'子部农家类'。今案，诸书上自国家典礼，下及里闾风俗悉载之，不专农事也。故《中兴馆阁书目》别为一类，列之'史部'，是矣。今从之。"① 这段阐述指明岁时民俗文献中包含的社会内容日渐丰富，已经不局限于农事活动，这是岁时民俗文献被列入史部的原因。与唐宋之前的岁时民俗文本相比，宋代岁时民俗文献体例日渐完善，且所包含的社会内容极大丰富，上至国家典礼，下及里闾风俗，节日生活都市化、娱乐化甚至完全脱离农事，极富时代特色。有宋一代，除去岁时民俗专著《岁时杂记》《岁时广记》，有关岁时民俗的记录多收集在私人撰写的笔记体散文和类书中，如《东京梦华录》（卷六至卷十）、《梦粱录》（卷一至卷六）、《武林旧事》（卷一至卷三）、《太平御览》（卷十六至卷三十五）、《事类赋》（卷四）、《事物纪原》（卷八）、《白孔六帖》（卷三、卷四）、《海录碎事》（卷二）、《锦绣万花谷》（前集卷三、卷四）、《事文类聚》（前集卷六至卷十二）、《古今合璧事类备要》（前集卷十至卷十八）。其中，除了《太平御览》是官修外，其余类书均为私人撰写。但宋代笔记和类书中的岁时民俗部分尚未得到学者的充分关注，本书以宋代岁时民俗专著以及宋代笔记和类书中的岁时民俗部分为主要研究对象，将其置于宋代特有的政治经济及思想文化环境中，试图探讨宋代岁时民俗的时代特点；并将宋

---

① （宋）陈振孙：《直斋书录解题》，上海古籍出版社1987年版，第189—190页。

代岁时民俗文献置于中国古代岁时民俗文献发展的长河之中，总结宋代岁时民俗文本的一些书写特点及文献价值。

二 国内外研究现状及存在的问题

国内学者对中国古代岁时民俗研究自 20 世纪 20 年代已经开始。谢国桢、杨宽、闻一多、于省吾等学者都对月令及具体岁时节日进行渊源考证，此一阶段尚属于初始阶段，研究成果尚不丰富。20 世纪 80 年代以来，节日研究有了重要进展，出现大量节日研究成果，不仅研究对象拓宽，几乎涵盖所有岁时节日，且研究更具整体性，如韩养民、郭兴文的《中国古代节日风俗》（陕西人民出版社 1987 年版），陈久金、卢莲蓉的《中国节庆及其起源》（上海科技教育出版社 1989 年版），宋兆麟、李露露的《中国古代节日文化》（文物出版社 1991 年版），乔继堂、朱瑞平的《中国岁时节令辞典》（中国社会科学出版社 1998 年版），对中国古代节日做了较为全面整体性的研究，但理论深度尚待加强。

这一时期的研究大致从文献和文化两个角度展开。文献学角度的相关研究成果有，谭麟译注的《荆楚岁时记译注》（湖北人民出版社 1985 年版），姜彦稚辑校的《荆楚岁时记》（岳麓书社 1986 年版），宋金龙校注的《荆楚岁时记》（陕西人民出版社 1987 年版），王毓荣校注的《荆楚岁时记校注》（文津出版社 1988 年版）都对《荆楚岁时记》做了译注。此外还有李道和的《民俗文学与民俗文献研究》（巴蜀书社 2008 年版），张勃的《明代岁时民俗文献研究》（商务印书馆 2011 年版），许逸民点校《岁时广记》（中华书局 2020 年版）和中华礼藏礼俗卷中刘芮芳等校注的《岁时广记（外六种）》（浙江大学出版社 2020 年版）。这些成果主要从文献学角度对岁时民俗文本进行作者版本的考证，内容的梳理及校勘。

这一时期，从文化视角对岁时民俗展开研究的成果也是蔚为大观。这类成果或是纵向分析具体的节日文化内涵及渊源，从而加深对单个特殊节日和中国古代时间的认识，如萧放的《〈荆楚岁时记〉研究：兼论传统中国民众生活中的时间观念》（北京师范大学出版社2000年版）《岁时——传统中国民众的时间生活》（中华书局2002年版）《岁时记与岁时观念：以〈荆楚岁时记〉为中心的研究》（华中师范大学出版社2019年版），刘晓峰的《东亚的时间——岁时文化的比较研究》（中华书局2007年版），张弓的《中古盂兰盆节的民族化衍变》（《历史研究》1991年第1期），简涛的《立春风俗考》（上海文艺出版社1998年版），刘德增的《中秋节源自新罗考》（《文史哲》2003年第6期），李传军的《论元宵观灯起源于西域佛教社会》（《西域研究》2007年第4期），宋颖的《端午节：国家、传统与文化表述》（商务印书馆2016年版）；或是从横向上探索节日文化空间，结合历史文献、节日空间理论和实地田野考察，使研究成果更具理论深度：如萧放、张勃的《城市·文本·生活：北京岁时文献与岁时节日研究》（中国社会科学出版社2017年版）将历史文本与节日空间及节日田野调查相结合，对北京岁时文献与城市节日生活做了较为深入的研究。又如夏日新的《长江流域的岁时节令》（湖北教育出版社2004年版）。也有从历史民俗学角度，对中国历代岁时民俗文献展开梳理，如张紫晨的《中国民俗学史》，对中国历史上出现的民俗文献和民俗观念进行系统梳理，书中对《东京梦华录》《梦粱录》《析津志》《宛署杂记》《长安客话》《帝京景物略》《广东新语》《粤东笔记》等岁时民俗著述及方志中关于岁时节日民俗的记述进行了较为恰当的评价，体现出鲜明的民俗学立场；王文宝的《中国民俗学史》中的"下编"设六章探讨了先秦、汉魏两晋南北朝、隋、唐、宋、元、明、清、民国时期的民俗文献，对相关民俗文献进行简要的作者及版本源流考证，并对文本内容加以节选说明。这类成果提供了较为完备翔实的民俗资料。也有以断代的方式对某一朝代的节日或岁时民俗文献展开研究，如张勃的《唐代节日研究》（中国社会科学出版社2013年版）。以断代的方式对民俗文献展开研究对本课题的构思提供了启发。

以上研究现状显示学者们对岁时民俗文献的关注点主要集中在对作者、版本或是岁时民俗文化的探讨上，甚少分析民俗文本的书写特点、书写模式。本书以断代和分类的方式对宋代岁时民俗文献展开系统整理，既凸显岁时民俗文献的文献学和史料学价值，为其他领域如民俗学或文化学领域的研究提供文本支持，同时也根据其产生的时代背景具体分析文本的书写特点、书写模式，探究其形成原因。

三 研究意义

岁时民俗文献是对经史文献的重要补充，是了解中国古代民众在特定时间生活习俗的重要途径，对文献学、文化学等领域的研究都有重要意义。

1. 有利于推动宋代岁时民俗文献的整理、校勘

岁时民俗文献研究必须以岁时民俗文本为基础，因此首先必须对岁时民俗文本做细致的甄别、校勘、辨伪、注释、辑佚等工作。通过对岁时民俗文本的整理研究，以及不同岁时民俗文本之间的相互印证，发现部分岁时民俗文本中存在的脱字、衍字、误字等情况，更好地还原文本的原貌。中国历代学者在研究民俗文化时，往往也通过对民俗文本的整理而进行民俗差异、演变的分析，如东汉应劭、晋郭璞、北齐颜之推、隋杜台卿、唐段成式、南宋洪迈、陈元靓、明胡应麟、清顾炎武等，都在文献考辨和民俗分析方面取得突出成就。近代史学大家顾颉刚极为关注民俗问题，专注于孟姜女传说研究，他的古史辨伪首先是文献辨伪，在对文献本身去伪存真后，再讨论相关问题。闻一多撰写的《伏羲考》也是广稽文献，《端午考》也是从文献梳理入手，才有所发现。

但是相对于经学、史学文献的整理，民俗文献的整理不太被学者重视，一是因为民俗文献比较繁杂、零散，不如其他经史文献相对完整，难以形成有系统的研究；二是因为大部分民俗文本仅仅是民俗事象的载录，不是对学问的探讨，对其研究难以进入学界一贯推崇的"考据"的学术境界，研究者的学问和水平不能得到有效显现。但随着传统节日的被关注与重视，记录传统节气、节日生活的岁时民俗文本也日渐受到学者的关注。运用文献学方法对这些文本进行校勘、辨

伪、注释、辑佚，探讨其文献价值和史料价值，这是古典文献学领域内庞大而有意义的一项工作。

2. 凸显宋代岁时民俗的时代特征

岁时民俗文献是对民众岁时生活的文字记录，记录民众在特定节气或节日中的饮食习惯、敬神祭祖仪式的信仰、亲友往来的社会礼俗、各种形式的娱乐活动，等等。这种生活内容世代传承之余也随着时代的变迁发生变化。但英国人类学派民俗学者认为民俗是古代文化的"遗留物"，这种"遗留物"大量存在于现代文明里，如果它们被从现在的处境里剔取出来，并把它们纳入抽象的文化史中去研究，那么，古代文化的一些旧观念就可以被再现出来。这也就是所谓的"事象研究"法。事象研究是对排除了过程的具体现象的研究，也可以称之为一种抽象的文化研究，可以用来解释生活中的个别现象。一些民俗学者对这种研究方法颇有微词，如民俗学家高丙中就认为这种研究方法的不足在于：它只要民俗的文化构成，对民俗的发生情景弃之不顾，对民俗活动的主体悬而不论。[①] 高丙中所提倡的是整体研究，即将民俗内容放置于它产生的大环境中，并与民俗活动主体联系起来研究，在肯定民俗稳定性和共性的同时，也注意到民俗也有发展变化的过程，在不同时代环境下呈现各自特性。

我国的岁时节日在汉代已经基本定型，在宋代得到相当完备的发展，这些在岁时民俗文献中都有所呈现。与唐宋之前的岁时民俗文献相比，宋代岁时民俗文献体例日渐完善且所包含的社会内容极大丰富，上至国家典礼，下及里间风俗，节日生活都市化、娱乐化甚至完全脱离了农事，极富时代特色。将宋代岁时民俗文献中的一些具体民俗事象凸显出来，将之与所处的社会历史环境、政治经济制度关联起来研究，从而加深对这些民俗事象的理解，总结宋代民众的节日生活特点及其时代原因。

---

① 高丙中：《文本和生活：民俗研究的两种学术取向》，《民族文学研究》1993 年第 2 期。

3. 有助于为当今节日文化现象和节日政策提供对比和借鉴

将宋代岁时民俗文献置于中国古代岁时民俗文献发展的历史长河之中，将之与先秦月令文献以及魏晋南北朝隋唐时期的岁时民俗文献进行对比关联，总结宋代岁时民俗文本的书写模式及节日文本中呈现的中国古代岁时文化从注重天人关系到注重人人关系的清晰脉络，从而把握节日发展的方向，为当今节日文化现象的阐释提供参考，为当今节日政策提供对比和借鉴。

四　研究方法

本书以宋代岁时民俗文献为研究对象，将宋代岁时民俗文献放置于宋代社会文化大背景下，放置于中国古代岁时民俗文献发展的历史长河之中，探讨宋代岁时民俗文献内容及形式上的独特之处。本书主要使用以下三种方法：

1. 文本细读、分析法

文本细读和分析是本项研究开展的前提基础。通过对不同类型的岁时民俗文献展开文本细读和分析，力图最大范围地收集并消化相关资料信息，为得出相对客观的结论奠定基础。

2. 比勘、归纳法

进行文本细读分析之后，需要对文本做出对比、归纳和总结。将宋代岁时民俗文本与前代岁时民俗文本纵向对比，梳理中国古代节日阐释体系的发展脉络。将宋代不同类型的岁时民俗文本横向对比，通过结合相关民俗学理论，总结宋代岁时民俗文本的书写特点以及宋代岁时民俗的时代特点。

3. 分类统计法

对宋代各类岁时民俗文献进行分类，对类书中岁时民俗部分引用文献以及引用文献的次数进行数量统计，根据统计结果判断其文献价值，为中国古代节日阐释体系提供充分论据。

第一章

宋代岁时民俗文献出现的学术渊源和时代背景

岁时民俗主要指民众在一年四季特定的节气节日中的生活习俗。岁时民俗的诞生是建立在历法、节气、节日形成的基础上，因此在探讨岁时民俗之前，有必要知晓中国古代历法、节气、节日形成的过程。宋代岁时民俗，是生活于宋代的民众在一年四季节日生活中的习俗，其形成受到宋代特殊的政治、经济、文化环境的影响和制约。

第一节 节气节日的形成

节气、节日日期的选择与设定，是农业文明背景下，中国古人据天象、物候和气候的周期性转换而设定的。有民俗学者指出："岁时节日由来已久，岁时源于古代历法，节日源于古代季节气候。简单地说，是由年月日与气候变化相结合排定的节气时令。"[①] 因此在探讨岁时节日习俗之前，有必要先了解传统历法关于年月日的排列、四季的划分、二十四节气的形成，了解天干、地支、阴阳文化对历法节气的渗透和阐释。

---

① 乌丙安：《中国民俗学》，辽宁出版社1985年版，第292页。

一 历法节气的形成

1. 历法

中国古代天文学可分为两大类,一类是天文观测家,如《周礼》的保章,以及春秋时代的梓慎、裨灶等,他们的主要工作是观测恒星、流星、彗星等的隐现。他们的记录中,虽然掺杂了一些涉及灾祥迷信的占星术,但多半是根据实际观测的现象而加以记载的;另一类为实用天文学家,也就是历法家,如《周礼》的冯相,他们的工作主要是推算日月五星的行度;工作方法注重观测和推算,即实践和理论相结合。就是预先推算日月五星的行度或日月食的发生,然后观测实际天象是否和推算的结果相符合。[1] 高平子曾对历法二字下一定义:所谓历法者,其要在于顺应天行,制为年月日时配合之规则,以预期天象之回复,节候之来临,俾人类社会之活动如耕种、渔牧、狩猎、航行、营建、修缮等一切民生日用之作息皆可纳入一定周期之中,凡事有所准备。[2]

历法是人们对年、月、日等时间单位的科学编排和有序组织。柳诒徵在《中国文化史·治历授时》中有过这样一段议论:"古人立国,以测天为急;后世立国,以治人为重。盖后人袭前人之法,劝农教稼,已有定时;躔度微差,无关大体。故觉天道远而人道近,不汲汲于推步测验之术。不知邃古以来,万事草创,生民衣食之始,无不与天文气候相关,苟无法以贯通天人,则在在皆形枘凿。故古之圣哲,殚精竭力,绵祀历年,察悬象之运行,示人民以法守。自羲、农,经颛顼,迄尧、舜,始获成功。其艰苦愤悱,史虽不传,而以其时代推之,足知其常耗无穷之心力。吾侪生千百世后,日食其赐而不知,殊无以谢先民也。"[3] 这说明历法的制定是一个长期艰难的过程,对于国家的治理和民众的生活都有深远积极影响。世界上通行的历法

---

[1] 陈遵妫:《中国天文学史》第1卷,上海人民出版社1980年版,第28页。
[2] 高平子:《学历散论》,"中央研究院"数学研究所1969年版,第187页。
[3] 柳诒徵:《中国文化史》上,上海古籍出版社2001年版,第49页。

主要有三种，即太阳历（阳历）、太阴历（阴历）、阴阳历。

阳历也称为太阳历，是以太阳的运行作为纪时（包括纪日、纪月、纪年等）的唯一依据，其特点为，年的长短依据天象，一年的平均长度约等于回归年（365.2422 日）；月的长短则是人为规定，一年中分为若干个月也是人为规定。阳历历法与农业生产和人们的生活相一致，因而被广泛采用。但阳历历月中的日期数与月相完全没有关系，而且每个月的情况又各不相同，人们无法从阳历历月中的日期来判断月相。

阴历又称太阴历，是以月球绕地球的公转周期为基础而制定的，每一历月的长度接近朔望月即从新月到满月的时间，约为 29.5603 天。12 个朔望月总计 354.367 天，平均长度尽可能接近回归年的长度（365.2422）日。阴历的优点是，历月中的日期大体上与月相保持一致，即阴历每个月的初一大致为新月（朔），十五前后为满月（望），其他月相情况也是如此。阴历的缺点在于月亮绕地球运转和地球围绕太阳运转的周期并不十分吻合，阴历历年大概为 354.367 天，而回归年长度为 365.2422 天，两者相差 11—12 日，与太阳变化规律不符，不适用于农业生产和日常生活，因而，现在很少采用纯粹的阴历了。

阴阳历兼有太阳历和太阴历的特点，是中国古代沿用的传统历法，在我国夏代时就已制定，所以历史上长期被称为"夏历"。因与农事紧密相关，阴阳历也被称为农历。它严格地以朔望月周期为历月长度的基础，以太阳回归年长度为历年的基础，既重视月相盈亏的变化，也重视太阳运行所带来的寒暑节气变化。它的纪时、纪年和节气的确定依靠太阳的运行决定，而纪日、纪月则依靠月亮的运行而决定。阴阳历的最终形成是物候历和天文历合并的结果。物候历是人们依据自然物候的不同状态而形成的一种时间意识。不同民族不同地域的自然物候不尽相同，农耕民族重视农作物的收获，以庄稼收获的周期纪年；游牧民族逐草而居，牧草的生长对牧业至关紧要，因此，草的枯荣标志着牧业生产的一个周期。如《夏小正》中的"雁北向""鱼陟负冰""田鼠出""獭献鱼""梅、杏、桃则华"等语句都是对特定季节自然物候的描述，是典型的物候历。经过世代的观察，人们发现大地上的自然季节转换与天空的日月星辰位置变化也有某种关联，于是日月星辰也成为人们确定时间的重要参照物。上古颛顼依据天象观测，制定历法，"载时以象天"，使历法与自然节律相互吻合，这就是后世传说的颛顼历；尧舜时代，更注重天文的时间指示意义，"历象日月星辰，敬授人时"。"主春者，张昏中，可以种稷；主夏者，火昏中，可以种黍；主秋者，虚昏中，可以种麦；主冬者，昂昏中，可以收敛。"① 以四星昭示四季农时，说明上古时期人们已能根据天文星象较为准确地把握自然时序，从而对生产生活做出合乎自然变化的安排。

总之，中国古代农历以月亮圆缺的周期确定"月"的时间单位。以太阳与星象的配合确定"四时"的季节变化。太阳与星象在上古民众时间观念的形成过程中起着关键性作用。

2. 二十四节气

节气是中国农历的特色之一，是中国古人为了更好地把握自然气候的转换，开展农事而对历法做较为细致的划分。节气的确定主要是以太阳的运行为依据，属于阳历性质。伏尔泰在《风俗论》中指出，"跟西方人一样，中国古人把地球绕日的行程分为 365 又 1/4 部分。他们知道两分'春分''秋分'，两至'夏至''冬至'的岁差，但是比较模糊。最值得注意的是中国古人在上古时代便把一个月分成几个星期，每个星期 7 天。"②

伏尔泰所说中国古人虽有两分两至观念，但岁差比较模糊，大概是他所知晓的两分两至尚为中国古人根据物候历确定的较为模糊的日期。《左传·昭公十七年》记载了郯子有关其先人以鸟为纪的历史传说："凤鸟氏，历正也；玄鸟氏，司分者也；伯赵氏，司至者也；青鸟氏，司启者也；丹鸟氏，司闭者也。"③ 这套鸟纪系统来源于对候鸟

---

① （清）孙星衍：《尚书今古文注疏》，中华书局1986年版，第12页。
② ［法］伏尔泰：《风俗论》上册，蒋守锵译，商务印书馆2009年版，第247页。
③ （清）洪亮吉：《春秋左传诂》下，中华书局1987年版，第727页。

知识的积累，除了主掌鸟纪的凤鸟氏是幻化的神鸟传人外，其他都有候鸟原型。玄鸟即燕子，伯赵即伯劳鸟，青鸟一名鸧鹒，丹鸟一名鷩雉。所谓"分""至""启""闭"就是八个重要的节气："分"指春分和秋分；"至"指冬至和夏至；"启"指立春和立夏；"闭"指立秋和立冬。燕子春分来，秋分去，因此玄鸟成为春天的使者，成为司分之鸟。伯劳鸟夏至来，冬至去，是司至之鸟。鸧鹒立春开始鸣叫，立夏时止歇，因此被称为司启之鸟。鷩雉立秋来，立冬去，因此被称为司闭之鸟。以季节性的候鸟作为分、至、启、闭的标识，说明节气在物候历时期已经诞生，但还没有明确的日期界定。到了天文历时期，人们开始用天文迹象来标记节气。天文历将二分规定为昼夜平分的日子，即太阳从正东升起在正西坠落的日子，通过"日中测影"，即以圭表测量日影的科学方法将冬至规定在白昼最短，夜晚最长的日子，即太阳运行到南回归线的日子；把夏至定在白昼最长、夜晚最短的日子，即太阳运行到北回归线的日子。资料显示在殷墟卜辞中已出现了用指冬至的"至日""至南""南日"等文字，而商代也有日神信仰，可以说早在殷商时代我们的先民就已经认识到冬至的自然现象。

一般认为，《尚书·尧典》所载"日中、日永、宵中、日短"，表明其时人们首先确认了春分、夏至、秋分和冬至四个节气。《吕氏春秋·十二纪》中已经出现了立春、雨水、立夏、小暑、立秋、白露、霜降、立冬等比较重要的节气名称。其中，两至被称为"日长至""日短至"，两分并称"日夜分"。两汉时期出现惊蛰、清明等十二个节气名。二十四节气完整的名称在《逸周书·时训解》和《淮南子·天文训》中都已出现，不过《淮南子·天文训》中两个节气的名称与后世稍异，一为清明风至，一为白露降，后世分别称为清明和白露。

二十四节气平均分布在一年的 12 个月里，一般每月有两个节点，一个在前半月月初，俗称"节气"，一个在后半月月中，俗称"中气"。一年十二月节气和中气的对照如表 1-1 所示：

第一章 宋代岁时民俗文献出现的学术渊源和时代背景

表1-1　　　　　　　　　十二月节气、中气对照

月份	一月	二月	三月	四月	五月	六月	七月	八月	九月	十月	十一月	十二月
节气	立春	惊蛰	清明	立夏	芒种	小暑	立秋	白露	寒露	立冬	大雪	小寒
中气	雨水	春分	谷雨	小满	夏至	大暑	处暑	秋分	霜降	小雪	冬至	大寒

节气是基于地球绕太阳运行的周期规律确定的，所以二十四节气在阳历中的日期比较确定，前后相差不过一两天，具体时间如表1-2所示：

表1-2　　　　　　　　二十四节气在阳历中的日期

季节	阳历月序	节气	阳历日期
春	2月	立春	4、5日
		雨水	18、19日
	3月	惊蛰	5、6日
		春分	20、21日
	4月	清明	4、5日
		谷雨	18、19日
夏	5月	立夏	5、6日
		小满	21、22日
	6月	芒种	5、6日
		夏至	21、22日
	7月	小暑	7、8日
		大暑	23、24日
秋	8月	立秋	7、8日
		处暑	23、24日
	9月	白露	7、8日
		秋分	23、24日
	10月	寒露	8、9日
		霜降	23、24日
冬	11月	立冬	7、8日
		小雪	22、23日

续表

季节	阳历月序	节气	阳历日期
冬	12月	大雪	7、8日
		冬至	21、22日
	1月	小寒	5、6日
		大寒	20、21日

为了便于记诵，人们还编写了二十四节气歌：春雨惊春清谷天，夏满芒夏暑相连。秋处露秋寒霜降，冬雪雪冬小大寒。

3. 历法节气与阴阳的关系

历法节气在形成之际，也与社会思想文化紧密相关，其中最显著的就是赋予历法节气以阴阳色彩。

阴阳二字，最早为指称气象之词，《说文·云部》有："霒，云覆日也。从云、今声。"段注："今人阴阳字，小篆作霒昜。"《说文·勿部》有："昜，开也。从日一勿。一曰飞扬，一曰长也。一曰彊者众儿。"段注："此阴阳正字也。阴阳行而霒昜废矣。"霒为云覆日，云覆日则阴暗，故孳乳出阴字。《说文·阜部》云："阴，暗也。水之南，山之北也，从阜、阴声。"①"阳，高明也，从阜、昜声。"昜为开之意，为日所昜照之处，故滋生出阳字。

《周易》中的阴阳观念较为成熟，言及阴阳，说："一阴一阳之谓道。""阳卦多阴，阴卦多阳：其故何也？阳一君而二民，君子之道也；阴二君而一民，小人之道也。""乾坤，其《易》之门邪？乾，阳物也；坤，阴物也。阴阳合德而刚柔有体。以体天地之撰，以通神明之德。"② 先秦诸子，多以阴阳观念解释天地万物的变化，并将其作为学说立论的根据，如《国语》记伯阳父对幽王三年（前779）的地震解释说："周将亡矣。夫天地之气，不失其序。若过其序，民乱之

---

① （清）段玉裁：《说文解字注》，上海古籍出版社2011年版，第575、454、731页。
② （清）李道平：《周易集解纂疏》，中华书局1994年版，第558、634—635、656页。

也。阳伏而不能出，阴迫而不能烝，于是有地震。今三川实震，是阳失其所而镇阴也。阳失而在阴，川源必塞。源塞，国必亡。"将地震的原因归结于阴阳不调导致的川源阻塞。又记乐官州鸠语云："气无滞阴，亦无散阳。阴阳序次，风雨时至。嘉生繁祉，人民和利。物备而乐成，上下不罢。故曰'乐正'。"① 阴阳协调则风调雨顺，民众合乐。《管子·四时》云："是故阴阳者天地之大理也，四时者阴阳之大径也。"②

阴阳观念对四时产生的影响，可以追溯到战国晚期的《吕氏春秋》。《吕氏春秋·十二纪》中已经用阴阳二气的消长来解释一年四季天文、律数和自然界万物的成长变化，如孟春纪中有："是月也，天气下降，地气上腾，天地和同，草木繁动。"季春纪中有："是月也，生气方盛，阳气发泄，生者毕出，萌者尽达，不可以内。""仲夏纪"中有："是月也，日长至，阴阳争，死生分。""仲秋纪"中有："是月也，日夜分。雷乃始收声，蛰虫俯户。杀气浸胜，阳气日衰，水始涸。""仲冬纪"中有："是月也，日短至，阴阳争，诸生荡。"③

它强调人应当顺应阴阳二气的消长规律，否则"孟春行夏令，则风雨不时，草木早槁，国乃有恐。行秋令，则民大疫，疾风暴雨数至，藜莠蓬蒿并兴。行冬令，则水潦为败，霜雪大挚，首种不入"。"仲春行秋令，则其国大水，寒气总至，寇戎来征。行冬令，则阳气不胜，麦乃不熟，民多相掠。行夏令，则国乃大旱，煖气早来，虫螟为害。""季春行冬令，则寒气时发，草木皆肃，国有大恐。行夏令，则民多疾疫，时雨不降，山陵不收。行秋令，则天多沈阴，淫雨早降，兵革并起。"④ 此类记载不绝于书。

《史记》与《汉书》对阴阳之说都有所记载，如"虽然，祸不妄

---

① 《国语》，上海古籍出版社1978年版，第26—27、128页。
② 《管子》，中华书局2009年版，第215页。
③ 王利器：《吕氏春秋注疏》，巴蜀书社2002年版，第39、265、488、775—777、1059页。
④ 王利器：《吕氏春秋注疏》，巴蜀书社2002年版，第49—50、161—162、290—291页。

至，福不徒来，天地合气，以生百财。阴阳有分，不离四时，十有二月，日至为期"。"尝窃观阴阳之术，大祥而众忌讳，使人拘而多所畏：然其序四时之大顺，不可失也……夫阴阳四时、八位、十二度、二十四节各有教令，顺之者昌，逆之者不死则亡。未必然也，故曰'使人拘而多畏'。夫春生夏长，秋收冬藏，此天道之大经也，弗顺则无以为天下纲纪，故曰'四时之大顺，不可失也'。"① "阴阳家者流，盖出于羲和之官，敬顺昊天，历象日月星辰，敬授民时，此其所长也。"②

《黄帝内经·素问·金匮真言论》云："阴中有阳，阳中有阴。平旦至日中，天之阳，阳中之阳也；日中至黄昏，天之阳，阳中之阴也；合夜至鸡鸣，天之阴，阴中之阴也；鸡鸣至平旦，天之阴，阴中之阳也。"③ 这样的阴阳划分，也适用于月和年。刘晓峰认为阴阳思维模式在历法年月上的表现主要有三个方面：第一，以自然的阴阳变化为基准划分阴阳，即以冬至为阴的顶点、阳的起点，夏至为阳的顶点、阴的起点。第二，年分阴阳。以前半年为阳，以后半年为阴。第三，一年中的每个月，各有阴阳之属。天干以甲丙戊庚壬为阳，以乙丁己辛癸为阴，地支以子寅辰午申戌为阳，丑卯巳未酉亥为阴。同理，以子、寅、辰、午、申、戌为阳月，丑、卯、巳、未、酉、亥为阴月。④

中国自古以农立国，农人感触最深莫过于四季的变化。四季的变化被赋予阴阳的色彩，就形成"春时，阳始长，阴始消，万物得阳而萌生……夏时，阳极盛，阴极衰，万物因阳而茂盛……秋时，阳始衰，阴始长，万物遇阴而零落……冬时，阳极衰，阴极盛，万物遭阴而凋残……"⑤ 也就是"春生、夏长、秋收、冬藏"的观念，与民众生活紧密结合。阴阳观念是后世某些节日形成的重要原因之一。

---

① （汉）司马迁：《史记》卷130，中华书局1963年版，第3233、3289—3290页。
② （汉）班固：《汉书》卷30，中华书局1962年版，第1734页。
③ 郭蔼春：《黄帝内经素问校注》上，人民卫生出版社1992年版，第61—62页。
④ 刘晓峰：《东亚的时间——岁时文化的比较研究》，中华书局2007年版，第42页。
⑤ 罗光：《中国哲学大纲》上，学生书局1978年版，第36页。

二 中国古代节日的形成

刘晓峰在《中国古代岁时节日的内部结构体系》一文中提出，"如果我们把农历的一年比作一条时间的项链，那么，岁时节日就是这条项链上一个个璀璨的珍珠。问题在于，这一颗颗珍珠是否仅仅是因为历史上一个个偶然的历史人物或历史故事的出现——比如寒食节的介子推起源谈、端午节的屈原起源谈、七月七日的牛郎织女起源谈等等——才得以镶嵌在这条项链之上？如果不是，这些节日的产生和出现，其内在的逻辑线索何在？"① 带着这个问题，我们对中国古代节日的形成问题做以下探讨。

1. 节日的产生

历法的逐步形成，二十四节气的确定，为节日的形成提供了必要前提。与此同时，敬天顺时的先民们渐渐将各种祭祀、庆贺、占卜、禁忌等活动集中于与常日相比具有特殊性的时日里举行，这些可谓是节日的雏形。节气的确定与自然气候、农事紧密相关，节气的准确与否直接影响着农业的成败、作物的丰歉、社会的治乱、国家的兴衰。因此古人给予节气以特别的重视，每当特定的节气到来，都要举行与这个节气相应的仪式和庆典活动，如冬至、夏至都要纵乐几天。

从《吕氏春秋·十二纪》和《礼记·月令》记载的十二月政令来看，立春、立夏、夏至、立秋、立冬、冬至等节气，已经开展特定的活动。《礼记·月令》与《吕氏春秋·十二纪》纪首的记录一脉相承，在内容上几乎完全相同。以《礼记·月令》为例，每当重大节气到来之时，官方都要举行相应的庆典活动，如"立春之日，天子亲帅三公、九卿、诸侯、大夫以迎春于东郊，还反，赏公卿、诸侯、大夫于朝……命相布德和令，行庆施惠，下及兆民"。"是月也，天子乃以元日祈谷于上帝。乃择元辰，天子亲载耒耜，措之于参保介之御间，帅三公、九卿、诸侯、大夫躬耕帝籍。天子三推，三公五推，卿、诸

---

① 刘晓峰：《东亚的时间——岁时文化的比较研究》，中华书局2007年版，第45页。

侯九推……反，执爵于大寝，三公、九卿、诸侯、大夫皆御，命曰劳酒。""（季春之月）是月之末，择吉日，大合乐，天子乃帅三公、九卿、诸侯、大夫，亲往视之。""（孟夏之月）是月也，天子饮酎，用礼乐。""（仲夏之月）是月也，命乐师修鞀鞞鼓，均琴瑟管箫，执干戚戈羽，调竽笙竾簧，饬钟磬柷敔。""命有司为民祈祀山川百源，大雩帝，用盛乐。乃命百县雩祀百辟、卿士有益于民者，以祈谷实。""（孟冬之月）是月也，大饮烝，天子乃祈来年于天宗，大割祠于公社及门闾，腊先祖、五祀。劳农以休息之。""（季冬之月）是月也，日穷于次，月穷于纪，星回于天，数将几终，岁且更始，专而农民，勿有所使。天子乃与公卿大夫共饬国典，论时令，以待来岁之宜。"①

这些活动多以官方、统治阶层为主体，但也和民间农作密切相关。它们已经具备了节日的要素。

如果说由"二十四节气"确立庆典活动是出于对日的崇拜，那么依据月的圆缺确定节日则凸显了人们对月的崇拜。秦汉时期，与二十四节气同时并行的节日，在我国主要表现在各季各月朔望之间。节日设定的标准之一是以"月"的朔望圆缺为记。朔为"上日"，是各月的初一，又称"元日"，正月朔日，谓之元旦，旧历新年之始。元旦为一岁最早的节日。在先秦文献《诗经·豳风·七月》中即记载有周代民众庆贺新年的文字。到了唐代，人们又将二月初一这个朔日设为"中和节"。李肇《国史补》曰：唐贞元五年置中和节。《新唐书·李泌传》曰：德宗以前世上巳九日皆大宴，而寒食多与上巳同时，欲以二月名节，自我作古，可乎？泌请废晦日，著令以中和上巳九日为三令节。②望日月圆，为每月的十五日。一年的节日中，有上元（正月十五）、中元（七月十五）、中秋（八月十五）、下元（十月十五）四个节日为月圆之日。学者分析说："农历十五之容易成为节日，当是它占了一月之半这个中心的好位置，又有一轮满月悬挂在夜空，既居

---

① （唐）孔颖达：《礼记正义》上，上海古籍出版社 2008 年版，第 615—619、653、661—666、725—726、739 页。

② （宋）陈元靓：《岁时广记》，中华书局 1985 年版，第 195 页。

中又圆满，很合人们的心愿。"① 总起来说，"朔""望"在一年或一月之中，都是较平日更为特殊的月象，易引起人们的重视。

除初一、十五外，还有许多因数字特殊而成为节日的日期，如正月正、二月二、三月三、五月五、六月六、七月七、九月九，是"月日同数"。这类节日的形成有多种原因，如"三月三"本为上巳节，在先秦时期原设在三月的上旬巳日，魏晋以后才改俗不必取巳日，并最终确定在三月初三。对此，《晋书·礼志》即记载说："汉仪，季春上巳，官及百姓皆禊于东流之上，洗濯袚除去宿垢。而魏以后但用三日，不以上巳也。"② "五月五"则是由于古代使用干支纪岁时，夏代以寅月为月首，五月就是午月，且有值五日午之俗，即逢五之日都称为"午"，所以五月五日便被称为重午，又叫端午，是仲夏的第一个午日，不同于常日，被确定为节日。另外，也确如民俗学者所云："初民总不免把数目认为神秘之物。五月既为阴气始盛之月，则五之数显然与诸不祥有很密切的联系；五月中与五有关系之日为五、十五、二十、二十五等日，此诸日之中又以初五为最，于是五月初五——重五——被认为阴气始盛之日，所以也是最宜于送不祥之日。"③ 对于月日同数的节日，有学者认为："从更深层的原因分析，偏好选择'月日同数'的日子为节期，可以说是农业文明中追求对称和谐、不偏不倚、整齐划一的理性观念和心理的驱使与暗示所致。"④ 总体而言，不论是为了遵循大自然的规律而设定的节日，或是对某一特殊自然现象或特殊数字的好奇而设定的节日，节日的产生大多是人们为谋求生存，祈求远离灾邪，获得美好生活这些美好愿望的产物。

我国汉族节日风俗初步定型，主要表现在以下几个方面：首先，在汉代，我国传统节日中的绝大多数节日，如元旦、人日、上元、元宵、上巳、寒食、端午、七夕、重阳、春秋社日、立春、立夏、夏

---

① 吴慧颖：《中国数文化》，岳麓书社2013年版，第434页。
② （唐）房玄龄等：《晋书》卷21，中华书局1974年版，第671页。
③ 王文宝、江小蕙编：《江绍原民俗学论集》，上海文艺出版社1998年版，第225页。
④ 赵东玉：《中华传统节庆文化研究》，人民出版社2002年版，第36页。

至、冬至、腊日、除夕等都已陆续出现，而且至今仍然保留。其次，传统节日习俗的内容基本稳定。节日习俗大多含有庆贺仪式、饮食、服饰、娱乐、社交等内容，表现出尊神敬祖、顺天应时、家庭和睦、享受生活的倾向。再次，节日传说的出现。成为后世民众对某些节日、节俗起源的经典阐释或经典解释的蓝本。

2. 节日的特点

历法使时间具体化，使节日成为时间链条上的一个个节点，从而指导人们的生活。历法是循环往复的，通过历法体现出来的时间和节日也是循环往复的。但随着时代的变迁，朝代的更替，节日的具体种类和内容也随之发生变化。具体而言，节日具有以下特点。

（1）节日的稳定性

节日的稳定性首先体现在节日时间的稳定。中国是农业大国，中国传统节日是建立在二十四节气的基础上。二十四节气是中国古人为了更好地把握自然气候的转换，以便指导农事和民众生活而对历法做出较为细致的划分。节气的设定主要以地球绕太阳运行的规律为依据，较为稳定地分布在一年四季当中，那么为庆祝特殊节气而产生的节日时间也相对稳定。现今的都市社会中，人们已经很少庆祝四立二分等二十四节气，但这些节气在时间上还是非常稳定。其他历法节日如正月初一、正月十五、寒食、清明、端午、中秋、腊八、除夕从其诞生之时至今，时间上都相对稳定。

节日中独特的饮食和活动习俗，以及其中展现出趋吉避凶的祈愿和以"礼""仁"为核心的儒家伦理加强了节日的稳定性。节日活动内容及仪式不断地重复和沿袭形成了习惯和风俗。中国传统节日包含诸多特色饮食及特色活动，如元旦时屠苏散、五辛盘，特色活动有燃爆竹、饰桃人、书聻字；立春有鞭春牛、帖春字，忌食薑；正月十五观灯，寒食禁火、冷食，端午的龙舟、食粽；七夕的乞巧穿针，牛郎织女的故事；重阳节插茱萸、赏菊花；中秋节吃月饼、赏月亮；岁除守夜、燎爆竹，这些在特定日期的饮食及活动习惯表达着中国古人与大自然的融洽互动，表达着福禄寿禧、平安团圆、多才多艺的淑世情怀。

(2) 节日的群体性

个人对同一行为方式的反复形成习惯,而群体对同一行为方式的反复形成风俗。萨姆纳说:"生存斗争不只是个人的事,而是团体的事……风俗是一致的行动历时地造成的。"① 节日风俗属于风俗的一个种类,同样具有群体性,是民众参与的结果,是符合群体利益的行为方式。如上文所述,节日的产生有多种原因,但节日活动的主体都是群体而非个人。虽然依据社会身份、经济状况,群体也可分为不同的阶层,不同阶层在同一节日中的活动内容略有不同,但对传统节日都是认同并自觉维护的。

(3) 节日的变革性

节日生活是社会生活的一部分,不是孤立存在的。节日内容的变化反映出社会生活的变化。适用于某一地域的节日习俗不适用于另一区域,如寒食节,北方寒冷之地长时间食用冷食对民众身体造成很大损害,于是周举上书,要求寒食不得禁火。经济较为繁荣的都市节日习俗可能并不适合经济发展较为落后的时代,如宋代正月十五观灯的场面之盛大,持续时间之久是前代元宵节所未有的,这与宋代经济的活跃以及独特的文化政策是紧密相关的。

每当新的朝代或新的政权建立,都会迅速着手建立自己的时间体系,忙于"改正朔"。对新的时间体系的接受,意味着对新的政权的服从。新政权会宣扬有利于维护本阶级利益的意识形态,或传播本阶层的各种喜好。萨姆纳举例说:"贵族阶级就是如此。它暗示什么是优雅、精致和高贵,其优良风范经过一代又一代,已经从贵族阶级传布到其他阶级。这些影响是不声不息,不知不觉,不期然而然的。"② 例如,中元七月十五,最初是将一年两分后,将下半年第一个望日定

---

① 转引自高丙中《中国人的生活世界——民俗学的路径》,北京大学出版社 2010 年版,第 59 页。

② 转引自高丙中《中国人的生活世界——民俗学的路径》,北京大学出版社 2010 年版,第 59 页。

为节令。除去四月十五不定外，正月十五上元，十月十五下元，七月十五为中元，都是依据月亮的规律性变化设置的一般性节令。当佛教盛兴后，在唐代皇室的倡导下，大约从6世纪起，七月十五成为一个重要节日。佛教徒最初在七月十五追祭佛祖，佛教称为盂兰盆会，是求佛救度死去亡人的活动。在"盂兰盆会"这一天，僧寺举行水陆道场，诵经法会，放灯等宗教仪式，施斋众僧。教徒也都上坟祭祖，供佛求助。中元节后期成为与上元节相对应的盛大节日，与佛教的盛行有极大关系。又如"腊八"，原是冬至后三戌，后变为初八，成为俗称的"腊八"。"腊八"早在秦汉以前便是重要的农猎祀日。古代每逢腊八，要进行隆重家祭，古腊祭共五祀：祭门神、祭户神、祭宅神、祭灶神、祭井神，同时还要祭祀祖先。在腊祭习俗的发展中，佛教逐渐渗入。据佛教传说旧历十二月初八是释迦牟尼得道之日，传说在他成道之前，有牧女曾向他进献乳糜。佛寺于是日诵经，并用精良谷米与干果做粥供佛，叫作腊八粥，渐渐广传民间，成为经典的节日饮食。以现代节日为例，新中国成立以后的节日习俗与旧中国大有不同，凸显了很多新的节日，如五一劳动节、八一建军节、十一国庆节等法定节日。即使在中华人民共和国这一体制下，20世纪五六十年代盛行的节日与八九十年代盛行的节日也是不同的。20世纪以来的中国，民众对不同节日的关注度也有所异。节日变更的原因，除了物质生活环境的变化，还与领导阶层的倡导和当时的文化环境紧密相关。

但领导阶层又是保守的，其成员"阻碍习俗和制度的变化，是因为他们要靠它们维持自己的社会权力。他们竭力通过各'教条的权威'之类使民俗'固若金汤'"[1]。因此，领导阶层不会让节日民俗在短期内变得面目全非。于是，变革和保守这两种力量互相牵制，使民俗既不能不变，也不能突变，这决定了民俗的变化是渐进的、缓慢的。

---

[1] 转引自高丙中《中国人的生活世界——民俗学的路径》，北京大学出版社2010年版，第59页。

第二节　宋代岁时民俗文献产生的学术背景

中国古代民众对自然的变化无法给出清晰合理的解释，对大自然心存敬畏。统治阶层对自然变化加以文化阐释，并借助民众对自然的敬畏之心，对民众在不同时节的活动加以规定，并以政令的方式强制执行。这种记录依时行政，记录依照天文、物候来安排农事、政事的文字即是月令体文献。关于"月令"，王梦鸥先生云："按其所谓'月'，乃包举天时；所谓'令'，则其所列举之政事，故合'月令'而言，恰为承天以治人之一施政纲领。"[1] 月令体文献无论在体例还是内容方面都对后代岁时民俗文献有重大影响。

《夏小正》《吕氏春秋·十二纪》纪首、《礼记·月令》是典型的月令体文献，后两者以月度进程的方式叙述四时八节的时令与政令，依照阴阳五行的思想原则将四时属性分别贯彻到十二月中，推出了十二月政的新形式。

一　《夏小正》

《夏小正》是《大戴礼记》中的一篇，《隋书·经籍志》在《大戴礼记》十三卷外，又别出《夏小正》一卷，始有《夏小正》的专本。《隋书·经籍志》中载有："《夏小正》一卷戴德撰。"[2] 因而后人认为《夏小正》是汉代戴德撰作。但其实不然，《礼记·礼运》篇说："孔子曰：'我欲观夏道，是故之杞，而不足征也，吾得夏时焉。'郑氏曰：'得夏四时之书也，其书存者有《小正》。'孔颖达疏曰：'有小正，音征，本或作，有《夏小正》。'"[3] 自汉以来，学者大都认为，《夏小正》为夏时之书。

---

[1] 王梦鸥：《〈礼记·月令〉校读后记》，《孔孟学报》第14期。
[2] （唐）魏征等：《隋书》卷32，中华书局1973年版，第922页。
[3] （唐）孔颖达：《礼记正义》中，上海古籍出版社2008年版，第887页。

《夏小正》正文依孔广森的统计仅有 470 字，文字十分精简，涉及天文、历法、物候、人文等内容，此书"上纪星文之昏旦、雨泽之寒暑、下陈草木梯秀之候，虫碉飞伏之时，旁及冠昏祭荐耕获蚕桑之节，先王所以敬授人时，与明堂月令实表里焉"[①]。此后《吕氏春秋·十二纪》《淮南子·时则训》等时令之作，莫不以此为依归。作为夏令记录的《夏小正》是"月令"文献的早期文本形式。《夏小正》篇幅精简，其主要内容可列入表 1 - 3：

表 1 - 3　　　《夏小正》天象、动物、植物、农事分布[②]

月份	天象	动物	植物	农人事
正月	初昏参中，斗柄县在下	雁北乡。雉震呴。鱼陟负冰。田鼠出。獭献鱼。鹰则为鸠。鸡桴粥	囿有见韭。柳稊。梅、杏、杝桃则华。缇缟	农纬厥耒。初岁祭耒。始用畅也。农率均田。农及雪泽。初服于公田。采芸
二月		初俊羔助厥母粥。昆小虫抵蚳。来降燕。有鸣仓庚	荣堇。荣芸	往忧黍，禅。绥多女士。丁亥，万用入学。祭鲔。剥鱓。时有见稊，始收
三月	参则伏	㹁羊。螜则鸣。田鼠化为鴽。鸣鸠	委杨。拂桐芭	摄桑。颁冰。采识。妾、子始蚕。执养宫事。祈麦实
四月	昴则见。初昏。南门正	鸣札。鸣蜮	囿有见杏。王萯秀。秀幽	取荼。执陟攻驹

[①]（清）孔广森：《大戴礼记补注》，中华书局 2013 年版，第 280 页。
[②] 表 1 - 3 内容选自（清）王聘珍《大戴礼记解诂》，中华书局 1983 年版，第 24—47 页。

续表

月份	天象	动物	植物	农人事
五月	参则见。时有养日。初昏大火中	浮游有殷。鴃则鸣。良蜩鸣。鸠为鹰。唐蜩鸣	乃瓜。启灌蓝蓼	种黍菽糜。煮梅。蓄兰。颁马。将闲诸则
六月	初昏。斗柄正在上	鹰始挚		煮桃
七月	初昏。织女正东乡。时有霖雨。斗柄县在下则旦	狸子肇肆。寒蝉鸣	秀雚苇。湟潦生苹。爽死。苹莠。灌荼	
八月	玄校。辰则伏。参中则旦	丹鸟羞白鸟。鹿人从。鴽为鼠	栗零	剥瓜。剥枣
九月	内火。辰系于日	遰鸿雁。陟玄鸟蛰。熊罴豹貉鼬鼬则穴。雀人于海为蛤	荣鞠树麦	主夫出火。王始裘
十月	初昏南门见。时有养夜。织女正北乡，则旦	黑鸟浴。玄雉入于淮。豺祭兽		
十一月		陨麋角		王狩。陈筋革。啬人不从
十二月		鸣弋。元驹贲		纳卵蒜。虞人入梁

《夏小正》以精简的文字记录一年中不同季节的天象、气候、鸟兽活动、植物的生长变化以及祭祀、农事等人事活动。从叙述特点来看，《夏小正》以描绘为主，既描绘不同季节中星象、动植物的变化特点，也描绘以农业为主的人事活动。从表 1-3 可以看出，特征鲜明的星象只出现在大概十个月中，陈久金通过对《夏小正》各月星象的分析，认为："《夏小正》与《月令》正月的天象完全一致，以后各月便明显地有规律地逐渐增大差距，至六月初多出一个月，至十月初多出一个半月，而到下一年的正月初又完全一致，这就明显地显示

出,《夏小正》行用的不是阴阳历,也不是一年为十二个月的太阳历,它一月所含的日数应比朔望月大。《夏小正》的五个月,相当于《月令》的六个月。由此可见,《夏小正》行用的是一年为十个月的太阳历。"同时,陈久金也认为《夏小正》中描绘的各月动植物状态也符合十月历,如《夏小正》七月有"寒蝉鸣","农历七月尚未到寒蝉鸣的季节。《月令》中说:'白露降,寒蝉鸣。'白露为八月节,正好为《夏小正》十月历的七月上半月"[1]。

《夏小正》文本显示,上半年(正月至五月)的人事活动较下半年(六月至十二月)更丰富,且主要是对农事及畜牧活动的描绘,如正月"农率均田""农及雪泽""初服于公田",二月"往耰黍",三月"摄桑",四月"取荼",五月"种黍菽糜""煮梅""蓄兰""颁马",六月"煮桃",八月"剥瓜""剥枣"。

总体而言,现存《夏小正》作为记录夏代历法的文献,内容上有如下特点:第一,尚未确立明确的节气观念,文本中仅有"时有养日""时有养夜"似与今时夏至和冬至一致。第二,时间与农事生产活动联系更紧密,而与农事之外的政务等人事活动并未融为一体。农事之外的以上层人士为主体的活动,仅有"丁亥,万用入学""绥多女士""王狩"。所记录的贵族活动也多与农事有关,如"妾、子始蚕,执养宫事""祈麦实"。第三,呈现出祭祀文化的痕迹,并将之投射入动物行为,如"獭献鱼""豺祭兽"即是将獭和豺捕捉到猎物之后的行为与人类祭祀行为类比,所以才用"献""祭"以描绘。此一时期的历法更多的是根据经验确定与天象物候相对应的劳作时间点,使劳作者有则可依,尚未将道德理想和伦理价值附之其上。

二 《吕氏春秋·十二纪》纪首

《吕氏春秋》是战国末期吕不韦组织门人集体编纂的一部政论书,元代陈澔说:"吕不韦相秦十余年,此时已有必得天下之势,故大集

---

[1] 陈久金:《论〈夏小正〉是十月太阳历》,《自然科学史研究》1982年第4期。

群儒,损益先王之礼而作此书,名曰'春秋',将欲为一代兴王之典礼也。"①

徐复观先生认为《吕氏春秋》以"纪"为骨干,思建立政治上之最高指导原则,他在文中说:"《吕氏春秋》有序意一篇,不缀于全书之后,而缀于十二纪之末,且名其书为春秋,正系概括十二纪以立名。则吕氏及其门客的心目中,此书的骨干,是十二纪而不是八览六论,至为明显……而其著十二纪之目的,乃以秦将统一天下,想预为其建立政治上之最高指导原则,其十二纪所不能尽,或尚须加以发明补充者,乃为八览六论以尽其意。"②《吕氏春秋》举春秋以包四时,"十二纪"中每季下列三篇,四季则有十二篇,学者们普遍认为这样编目是为了使思想与各"纪"之气相应,以收天人感通之效。"十二纪"不能尽述的内容,则别立"览""论"。《吕氏春秋》整部书的思想体系是天子必须法天、顺天而施政,逆之则有咎灾。"十二纪"纪文即是据这种思想,先条陈其纲,并在"览""论"中详细叙述君道与治术,臣道与士节,月纪与政令等内容。

1. 《吕氏春秋·十二纪》纪首内容

《吕氏春秋·十二纪》纪首约六千字,详细记载一年中主要节气和四季天象、物候、气候变化。其书写重点在于对人事活动的规定,这是对《夏小正》的极大发展。

纪首中涉及的人事活动主要包括天子王官活动以及民众农事活动,如对天子衣食住行的严格规定,将天子、王官在特定时月的行为活动上升到国策的高度,并将之与天象物候变化相参照,赋予这种行为以神圣性,如若不执行,就会遭到上天的惩罚。关于《吕氏春秋十二纪》纪首的人事活动,以春季为例,见表1-4所示:

---

① (元)陈澔:《礼记集说》,凤凰出版社2010年版,第134页。
② 徐复观:《〈吕氏春秋〉及其对汉代学术与政治的影响》,《大陆杂志》四五卷三期。

表1-4　　《吕氏春秋十二纪》纪首，春季中的人事活动①

月份	人事活动	违令所受惩罚
孟春	"立春之日，天子亲率三公、九卿、诸侯、大夫以迎春于东郊。还，乃赏公、卿、诸侯、大夫于朝。命相布德和令，行庆施惠，下及兆民。庆赐遂行，无有不当。乃命太史，守典奉法，司天日月星辰之行，宿离不贷，无失经纪，以初为常。" "是月也，天子乃以元日祈谷于上帝。乃择元辰，天子亲载耒，措之参于保介之御间，率三公、九卿、诸侯、大夫躬耕帝籍田。天子三推，三公五推，卿、诸侯、大夫九推。反，执爵于太寝，命曰'劳酒'。" "是月也，王布农事，命田舍东郊。皆修封疆，审端径术，善相丘陵阪险原隰，土地所宜，五谷所殖，以教道民，必躬亲之。田事既饬，先定准直，农乃不惑。" "是月也，命乐正入学习舞。乃修祭典，命祀山川林泽，牺牲无用牝。禁止伐木，无覆巢，无杀孩虫、胎夭、飞鸟，无麛无卵。无聚大众，无置城郭。掩骼霾髊。" "是月也，不可以称兵，称兵必有天殃。兵戎不起，不可以从我始。无变天之道，无绝地之理，无乱人之纪。"	"孟春行夏令，则风雨不时，草木早槁，国乃有恐。行秋令，则民大疫，疾风暴雨数至，藜莠蓬蒿并兴。行冬令，则水潦为败，霜雪大挚，首种不入。"
仲春	"是月也，安萌牙，养幼少，存诸孤。择元日，命人社。命有司省囹圄，去桎梏，无肆掠，止狱讼。" "是月也，玄鸟至。至之日，以太牢祀于高禖，天子亲往，后妃率九嫔御。乃礼天子所御，带以弓韣，授以弓矢，于高禖之前。" "是月也，日夜分。雷乃发声，始电。蛰虫咸动，开户始出。先雷三日，奋铎以令于兆民曰：'雷且发声，有不戒其容止者，生子不备，必有凶灾。'日夜分，则同度量，钧衡石，角斗桶，正权概。" "是月也，耕者少舍，乃修阖扇，寝庙必备。无作大事，以妨农功。" "是月也，无竭川泽，无漉陂池，无焚山林。天子乃献羔，开冰，先荐寝庙。上丁，命乐正入舞舍采，天子乃率三公、九卿、诸侯亲往视之。中丁，又命乐正入学习乐。" "是月也，祀不用牺牲，用圭璧，更皮币。"	"仲春行秋令，则其国大水，寒气总至，寇戎来征。行冬令，则阳气不胜，麦乃不熟，民多相掠。行夏令，则国乃大旱，暖气早来，虫螟为害。"

---

① 表1-4内容选自王利器《吕氏春秋注疏》，巴蜀书社2002年版，第29—50，146—162，260—291页。

第一章　宋代岁时民俗文献出现的学术渊源和时代背景

续表

月份	人事活动	违令所受惩罚
季春	"是月也，天子乃荐鞠衣于先帝。命舟牧覆舟，五覆五反，乃告舟备具于天子焉，天子焉始乘舟。荐鲔于寝庙，乃为麦祈实。" "是月也，生气方盛，阳气发泄，生者毕出，萌者尽达，不可以内。天子布德行惠，命有司发仓廪，赐贫穷，振乏绝；开府库，出币帛，周天下；勉诸侯，聘名士，礼贤者。" "是月也，命司空曰：'时雨将降，下水上腾，循行国邑，周视原野；修利堤防，导达沟渎，开通道路，无有障塞；田猎毕弋，罝罘罗网，喂兽之药，无出九门。'" "是月也，命野虞无伐桑柘。鸣鸠拂其羽，戴任降于桑。具栚曲篷筐，后妃斋戒，亲东乡躬桑。禁妇女无观，省妇使，劝蚕事。蚕事既登，分茧称丝效功，以共郊庙之服，无有敢堕。" "是月也，命工师令百工审五库之量，金铁、皮革、筋、角、齿、羽、箭干、脂胶、丹漆无或不良。百工咸理，监工日号，无悖于时；无或作为淫巧，以荡上心。" "是月之末，择吉日，大合乐，天子乃率三公、九卿、诸侯、大夫亲往视之。" "是月也，乃合累牛腾马，游牝于牧；牺牲驹犊，举书其数。国人傩，九门磔禳，以毕春气。"	"季春行冬令，则寒气时发，草木皆肃，国有大恐。行夏令，则民多疾疫，时雨不降，山陵不收。行秋令，则天多沈阴，淫雨早降，丘革并起。"

从表 1-4 中可以看到，王室的各种仪式活动占了很大篇幅，如孟春、迎春以及元日祈谷的一系列仪式，仲春祭祀高禖的一系列仪式，季春祭祀先帝的仪式，这一系列庄严宏伟的祭祀礼仪传达的是王朝敬天法地的虔诚，呈现的是王权的合理性和神圣性。自周以后，中国历代王朝莫不如此。

文中也显示违反季节行事会遭到上天的惩罚，农作物歉收，民不聊生、社会动荡、战乱四起、国有大恐。这一方面反映出自周以来的天命无常观，如周诗中屡次出现天命无常的观念，"天命靡常"。"天难忱斯，不易惟王。""民莫不逸，我独不敢休，天命不彻，我不敢效我友自逸。"① 将天命是否眷顾与人自身的德行联系起来。纪首则将天命与天子德行联系起来,"是月也,生气方盛,阳气发泄,生者毕出,萌者尽达,不可以内。天子布德行惠,命有司发仓廪,赐贫穷,振乏绝;开府库,出币帛,周天下;勉诸侯,聘名士,礼贤者"②。天子有德,依时行政,才能得到上天的庇佑。另一方面也反映出自然规律对人行为的约束。天子是否虔诚地遵循自然规律和敬奉祖先关系农作物丰歉、百姓苦乐、社会安定、国家盛衰。

2. 《吕氏春秋·十二纪》纪首与《夏小正》之比较

《吕氏春秋·十二纪》纪首中物候部分与《夏小正》内容相似,但在人文思想及历法应用方面,则有稍加增益之处。与《夏小正》相较,其内容上的差别体现在以下几个方面:第一,对自然气候及天象记录的丰富程度不同。《夏小正》只有9个月的天象记录,《吕氏春秋·十二纪》中对天象的观察非常完备,有全部28宿星名。《夏小正》只有十个月的物候记录,《十二纪》有12个月的物候记录。第二,《夏小正》仅单纯纪录与农事相关的季节物候,供作民众日用参考,而未涉及天子等领导阶层的一系列上升到国策的政治行为。《吕氏春秋·十二纪》纪首中的物候部分,除参考《夏小正》中的农事活动外,又将自然物候与人事施政结合,以大量篇幅列举十二月烦琐政令,以及违反政令会遭受自然惩罚等,既强调人的主体德行,也重视自然规律对人的制约。而《夏小正》中并未过多强调自然规律对人的制约及惩罚。第三,《夏小正》以一年12月纪月,上无季节,下无日数,亦未明言岁首。《吕氏春秋·十二纪》则以立春为岁首,划分一年为春、夏、秋、冬四季,且以孟仲季加以区分,以凸显四时。又将日常生活、施政祭祀等活动都依四时五行的要求作相关安排,这是阴阳家传播阴阳五行于四时的结果。第四,物候的古今以及南北差异,在文献中也有表现,如前后移易、删略变更、时间偶有迟早之异等。《夏小正》记录"雁北乡,雉震响"在正月,《吕氏春秋·十二

---

① (清)王先谦:《诗三家义集疏》,中华书局1987年版,第826、828、682页。
② 王利器:《吕氏春秋注疏》,巴蜀书社2002年版,第265—266页。

纪》纪首则在十二月；《夏小正》云"九月……王始裘"，《吕氏春秋·十二纪》则为"孟冬……天子始裘"，因风雨寒暑、岁时早晚往往因时间地域不同而有差异，物候自然不能像七十二候如此整齐而固定。除以上几点外，《吕氏春秋·十二纪》又将天干、帝号、神名、音律、五行等归入其中，发展了自邹衍以至于《管子·四时》《管子·五行》等篇与天同气的政治理想，结合古农历家十二月令及阴阳五行思想，将皇权神化，成为与众不同的著作。

三 《礼记·月令》

《中庸》《缁衣》《月令》《王制》后儒都颇有辨述，而考论《月令》撰人者尤多。关于《礼记·月令》的成书起因，有几种不同看法。或云周公所作，或云出自《吕氏春秋》。郑玄认为《礼记·月令》出于《吕氏春秋·十二纪》，谓："名曰《月令》者，以其记十二月政之所行也。本《吕氏春秋》十二月纪之首章也。以礼家好事抄合之，名曰《礼记》，言周公所作，其中官名时事多不合周法。"[1] 陆德明《经典释文》中记有，"此是《吕氏春秋》十二纪之首，后人删合为此记。蔡伯皆、王肃云周公所作"[2]。孔颖达进一步证实了《月令》中官名时事多有不合周法的地方："吕不韦集诸儒士著为十二月纪，合十余万言，名为《吕氏春秋》，篇首皆有月令，与此文同，是一证也。又周无大尉，唯秦官有大尉，而此《月令》云：乃命大尉，此是官名不合周法，二证也；又秦以十月建亥为岁首，而《月令》云：为来岁授朔日，即是九月为岁终，十月为授朔，此是时不合周法三证也，又周有六冕，郊天迎气则用大裘乘玉辂，建大常日月之章，而《月令》服饰车旗并依时色，此是事不合周法四证也。"但同时也有对《礼记·月令》为吕不韦所撰的说法提出疑问，如"秦始皇十二年吕不韦死，二十六年并天下，然后以十月为岁首。岁首用十月，时不韦已死十五年，而不韦不得以十月为正"。即吕不韦死时秦国尚

---

[1] （唐）孔颖达：《礼记正义》上，上海古籍出版社2008年版，第591页。
[2] （唐）陆德明：《经典释文》，上海古籍出版社2013年版，第687页。

不能以十月为首，而《月令》以十月为岁首，因此《月令》不可能为吕不韦所撰。孔颖达对此也作出了自己的解答，他说："秦以好兵杀害，毒被天下，何能布德施惠，春不兴兵。"意思是说，秦好战，以武力统一天下，且焚书坑儒，如何能做到《吕氏春秋》中所言的"布德施惠，春不兴兵"？孔颖达认为："不韦集诸儒所作为一代大典，亦采择善言之事，遵立旧章，但秦自不能依行，何怪不韦所作也。"① 也就是说文献所载秦始皇二十六年以后才以十月为岁首，但并不能据此否认秦在此之前就已经以十月为朔。吕不韦编撰《月令》仍存在可能性。

现存文字显示，《礼记·月令》的确与《吕氏春秋·十二纪》纪首几乎完全一致，因此笔者也认同《月令》节选自《吕氏春秋·十二纪》纪首。

《吕氏春秋·十二纪》纪首和《礼记·月令》中的物候可分为植物、动物与气象候三类，分别占18、42与30项。据统计《夏小正》中的物候共有57项，同样可以分为以上三类，分别占16、37与4项。《吕氏春秋·十二纪》纪首和《礼记·月令》中物候有31项与《夏小正》相同，其中植物5项、动物23项、气象3项。这表明，纪首和《月令》中的物候受到《夏小正》的很大影响，同时又有巨大的发展，以气象类的增加最为突出，从4项增至30项，植物与动物候的数量略有增加，分别从16项增至18项，从37项增至42项。

月令是王官之时，规定天子王官在特定时间的特定活动，于无形中掌控着民众之时。月令体文献是以天子王官为主体，记录他们在特定时间举行的祭祀仪式及政事活动，对民众起到某种教化示范作用。其最重要的意义在于通过观察大自然的变化将时间具体化，以及为适应大自然的变化而规定天子王官的活动，将时间与政治相关联，赋予政治行为以某种神圣性。月令文献实际上是统治者自上而下的时间管理文书。

---

① （唐）孔颖达：《礼记正义》上，上海古籍出版社2008年版，第591页。

第一章　宋代岁时民俗文献出现的学术渊源和时代背景

后世岁时民俗文献依循月令文献的时间主线，以农事的二十四节气为时间主线。不同时代的统治阶层依据本阶层利益需要以及民众的生活需要对节日不断调整，凸显、增加或者淡化某些节日。与月令文献不同的是，后世岁时民俗文献记录主体扩大，记录有皇室、王公贵族、士大夫、普通老百姓等不同阶层在节日中的活动。节日要符合民众需求，但节日也要通过某种权威性的程序或制度确定下来，使大家自觉遵守，成为统治阶层维护人心所向的手段。

四　《荆楚岁时记》

《荆楚岁时记》由南朝梁宗懔撰写，是我国第一部以民众为主体的岁时专著，也是最早描写荆楚地区岁时民俗的著作。它将时令、风俗、地域结合为一体，不论是内容还是体例都对后世岁时民俗文献有重大影响，在中国古代岁时民俗文献史上占据十分重要的地位。

在月令文献中，统治阶层依据天文物候确定了时间，并对天子王官在特定时间的行为活动做出明确规定。东汉应劭的《风俗通义》、晋周处《风俗记》逐渐将关注对象转移到普通民众。《荆楚岁时记》沿用了月令文献的时间框架，但内容上借鉴了《风俗通义》和《风俗记》中对普通民众生活的记录，从而开创了这种记录民众岁时生活的独特文本。

552年，萧绎在江陵即位，号称梁元帝。宗懔被封为尚书侍郎，后不断升迁。553年，宗懔力主建都江陵，554年，西魏军攻占江陵，宗懔被俘至长安，但受到礼待。《荆楚岁时记》大约于魏恭帝元年即555年，撰于长安。

《荆楚岁时记》成书二十年左右，杜台卿作《玉烛宝典》，此书最早引用《荆楚岁时记》的内容。后杜公瞻又为《荆楚岁时记》做注释，推动了此书的传播。日本学者守屋美都雄认为《荆楚岁时记》最初名为《荆楚记》，因《玉烛宝典》引用该书时称其为《荆楚记》，"岁时"二字应是《玉烛宝典》成书以后，《艺文类聚》成书以前其间这四十三年（581—624）被人加上的。这四十三年，与杜公瞻为

《荆楚岁时记》作注释的时间相吻合。所以，守屋美都雄认为，给这本书加上"岁时"二字的就是杜公瞻。① 据李裕民先生考述，最早记录《荆楚岁时记》一书的有《旧唐书·经籍志》（记有十卷），后有《新唐书·艺文志》（记有一卷）、《崇文总目》（记有二卷）、《郡斋读书志》（记有一卷）、《通志》（记有二卷）、《直斋书录解题》（记有六卷）、《文献通考》（记有四卷）、《宋史·艺文志》（记有一卷）②，不同书目记录卷数不同，有 1 卷、2 卷、4 卷、6 卷、10 卷不等。明万历时出现两种辑本，陈继儒《宝颜堂秘笈》本和何允中《广汉魏丛书》本，前者录有 48 条，后者录有 36 条。《四库全书》收录的是《宝颜堂秘笈》本。

1. 近代以来《荆楚岁时记》的文本整理

日本学者和田久德、守屋美都雄、坂本太郎对《荆楚岁时记》的整理、辑佚、校注，极大推动《荆楚岁时记》在日本的传播及研究。③ 德国学者赫里嘉·吐尔斑运用社会政治学方法对《荆楚岁时记》进行分析，认为宗懔作为江陵令，他修岁时记大概有如前人《月令》的意图，以辨风正俗。不同的是，宗懔不以礼俗而以地方民俗为主题，有从中原向地方变异的意味。这大概符合南北朝政权分裂的情势。

王幼敏认为中国当代流传的《荆楚岁时记》有 21 种版本④。现今流传较广的《荆楚岁时记》的版本主要有：（1）姜彦稚辑校《荆楚岁时记》（岳麓书社 1986 年版，以下简称姜彦稚本）。姜本以明刻《广汉魏丛书》本为底本，补以《宝颜堂秘笈》本及其他古籍，引书 34 种，内容较明、清辑本丰富，书后附有宗懔及其著作的材料。此书于 2018 年由中华书局最新辑校出版。（2）宋金龙校注《荆楚岁时记》（山西人民出版社 1987 年版，以下简称宋金龙本）。宋金龙注本以《宝颜堂秘笈》本为底本，《广汉魏》本作补充，校以他书。注本

---

① 刘晓峰：《〈荆楚岁时记〉在日本》，《民间文化论坛》2006 年第 1 期。
② 李裕民：《〈荆楚岁时记〉考述》，《苏州大学学报》（哲学社会科学版）1987 年第 4 期。
③ 刘晓峰：《〈荆楚岁时记〉在日本》，《民间文化论坛》2006 年第 1 期。
④ 王幼敏：《〈荆楚岁时记〉卷数版本初考》，《杭州师范学院学报》1992 年第 5 期。

后附录逸文，收书 45 种，取材广泛。（3）王毓荣校注《荆楚岁时记校注》（文津出版社 1988 年版，以下简称王毓荣本）。王毓荣以《宝颜堂秘笈》本为底本，参阅四库全书本、说郛本、广汉魏丛书本诸书及古注、类书。（4）《荆楚岁时记》，宗懔撰，杜公瞻注，《丛书集成初编》据《宝颜堂秘笈》本排印（中华书局 1991 年版，以下简称中华书局本）。（5）谭麟译注《荆楚岁时记译注》（湖北人民出版社 1999 年版，以下简称谭麟本）。谭麟译注本以四部备要本为底本，参阅《说郛》《湖北先正遗书》诸本及唐宋类书。

2.《荆楚岁时记》体例及书写方式

《荆楚岁时记》成书以后，杜公瞻为其作注。自此，在此书流传过程中，杜公瞻的注就与宗懔的原文融合在一起。这成为后世学者研究《荆楚岁时记》的难点之一，也在一定程度上影响读者对《荆楚岁时记》原文体例的把握。但将原文与注释作为一个整体也不失为一种研究视角。

《荆楚岁时记》为宗懔滞留长安，追忆故都荆楚之作。从体例上看，全书以节日时间为序，描绘荆楚民众一年四季十二个月的节气节日生活。这种个体追忆故土风俗的书写方式在《东京梦华录》《武林旧事》等后世岁时民俗文献中也一再出现。

《荆楚岁时记》中杜公瞻通过注释追本溯源，详细推究节日习俗源流及形成原因，并将其与北方时俗相对比。例如，在正月"依次拜贺，饮椒柏酒"这一条目下，杜公瞻通过引用《四民月令》《椒华铭》说明正月饮椒柏酒，服桃汤是为了厌服邪气，使人身轻能老。且正月饮酒，以小者得岁，先酒贺之，老者失岁，故后与酒。为何食五辛盘？"周处《风土记》曰：'元日造五辛盘。正元日五熏炼形。'五辛所以发五藏之气。《庄子》所谓春日饮酒茹葱，以通五藏也。"后文又曰："胶牙者，盖以使其牢固不动。今北人亦如之：熬麻子、大豆，兼糖散之。"[1] 指明北方亦有胶牙的时俗。

---

[1]（梁）宗懔撰，谭麟译注：《荆楚岁时记译注》，湖北人民出版社 1999 年版，第 18—19 页。

又如"杖打粪扫，呼令如愿"这一条目下，杜公瞻注释云："今北人正月十五夜立于粪扫边，令人执杖打粪堆，云云，以答假痛。又以细绳系偶人投粪扫中，云，令如愿，意者亦为如愿故事耳。"说明北方正月十五也有杖打粪堆，呼令如愿的习俗。又如，在"九月九日登高"这一条中，杜公瞻注释云："九月九日宴会，未知起于何代。然自汉至宋未改。今北人亦重此节。"在"十月朔日"一条中，杜公瞻注释云："未详黍曜之义。今北人此日设麻羹豆饭，当为其始熟尝新耳。"① 这都显示，《荆楚岁时记》中的文字记录不仅试图对节日习俗追本溯源，也能结合当时的实际生活，对节俗内容进行跨地域跨朝代的对比。

这种先陈述节日内容，然后对节日习俗进行阐释和溯源，并与实际生活对比的书写方式在后世岁时民俗文献中多有出现。

3.《荆楚岁时记》内容

现存《荆楚岁时记》记录的主要节日有正月一日、人日、立春、正月十五、春分日、社日、寒食、三月三、五月五、夏至、伏日、七月七、七月十五、八月十四、九月九、十月十五、仲冬、腊日、岁前。记录内容较为简洁，附有杜公瞻所做的注，在流传过程中，杜公瞻的注与原文时有混淆，守屋美都雄对宗懔原文和杜注做了认真考察，一方面把可以明确区别开的条目加以区别，另一方面把无法区别的部分作为存疑。② 依据现有文本，将《荆楚岁时记》所记录的节日内容大致分为祭祀类、纪念类、庆贺类、驱除灾邪类、祈求类、赏玩游戏类等几个种类。同一节日会包含多重节日内容，如五月五日端五竞渡，是为纪念屈原投汨罗，但竞渡也的确成为民众当时的一项游戏活动。具体如表 1 – 5 所示：

---

① （梁）宗懔撰，谭麟译注：《荆楚岁时记译注》，湖北人民出版社 1999 年版，第 29、107、111 页。

② 刘晓峰：《荆楚岁时记在日本》，《民间文化论坛》2006 年第 1 期。

表1-5 《荆楚岁时记》节日类型、节日名称、节日内容①

节日类型	节日名称	节日内容
祭祀类	正月十五	做豆糜，加油膏其上，以祠门户。先以杨枝插门，随杨枝所指，仍以酒脯饮食及豆粥插箸而祭之
	社日	四邻并结综会社，牲醪，为屋于树下，先祭神，然后飨其胙
	腊日	（十二月八日）其日，并以豚酒祭灶神
赏玩游戏类	元日至月晦	并为酺聚饮食。士女泛舟，或临水宴乐
	立春	打球、秋千、施钩之戏
	三月三	士民并出江渚池沼间，为流杯曲水之饮
	寒食	斗鸡、镂鸡子、斗鸡子
	五月五日	四民并蹋百草，又有斗百草之戏
	九月九	四民并籍野饮宴
	岁前	岁前，又为藏弆之戏
纪念类	寒食	周举移书及魏武《明罚令》、陆翙《邺中记》并云，寒食断火，起于子推
	五月五日	五月五日竞渡，俗为屈原投汨罗日，伤其死，故并命舟楫以拯之
庆贺类	正月一日	长幼悉正衣冠，以次拜贺。进椒柏酒，饮桃汤。进屠苏酒，胶牙饧。下五辛盘。进敷于散，服却鬼丸。各进一鸡子。造桃板著户，谓之仙木。凡饮酒次第，从小起
	岁暮	岁暮，家家具肴蔌诣宿岁之位，以迎新年。相聚酣饮。留宿岁饭，至新年十二日，则弃之街衢，以为去故纳新也
佛教	七月十五日	僧尼道俗悉营盆供诸佛
驱除灾邪	正月一日	三元之日也。《春秋》谓之端月。鸡鸣而起，先于庭前爆竹，以辟山臊恶鬼
		帖画鸡户上，悬苇索于其上，插桃符其傍，百鬼畏之
		正月夜多鬼鸟度，家家槌床打户，捩狗耳，灭灯烛以禳之
		正月未日夜，芦苣火照井厕中，则百鬼走
	三月三	取鼠麹汁蜜和粉，谓之龙舌䉽，以厌时气

---

① 表1-5内容选自（梁）宗懔撰，谭麟译注《荆楚岁时记译注》，湖北人民出版社1999年版。

续表

节日类型	节日名称	节日内容
驱除灾邪	五月	五月俗称恶月，多禁。忌曝床荐席，及忌盖屋
	五月五	采艾以为人，悬门户上，以禳毒气。以五彩丝系臂，名曰辟兵，令人不病瘟
	六月	六月伏日，并作汤饼，名为辟恶
	八月	八月十四日，民并以朱水点儿头额，名为天灸，以厌疾
	九月	世人九日登高饮酒，妇人带茱萸囊
祈愿	正月十五	以钱贯系杖脚，回以投粪扫上，云令如愿
	七夕	是夕，人家妇女结彩缕，穿七孔针。或以金银鍮石为针，陈瓜果于庭中以乞巧，有喜子网于瓜上，则以为符应
农事	春分	民并种戒火草于屋上。有鸟如乌，先鸡而鸣，架架格格。民候此鸟则入田，以为候
	四月	四月也，有鸟名获谷，其名自呼。农人候此鸟，则犁杷上岸
	夏至	取菊为灰，以止小麦蠹

表1-5内容选自谭麟译注的《荆楚岁时记》，与其他版本相比，此版内容尚有阙漏之处，如并未录入二月八日、四月八日的佛教活动等内容，但《岁时广记》以及当代其他版本的《荆楚岁时记》对此则有辑录。表1-5显示，驱除灾邪、祈愿类的节日内容占比很大，其次是赏玩游戏类的节日和祭祀类的节日，农事节气内容相对减少。这能呈现民众趋吉避凶的生活态度，表达民众追求身体康健，生活平安、富贵的美好愿望。月令文献中呈现出的节日的神秘性、神圣性在《荆楚岁时记》中减弱，节日生活的世俗性得到凸显。这种世俗性即趋吉避凶的生活态度和对生活美好的愿望从此贯穿在中国古代岁时民俗文献中。

第三节 宋代社会文化背景

宋朝是中国历史上启五代十国下至元朝的一个历史时段。在建立政权的三百多年时间里,宋王朝极大的发展了社会经济,促进了文化的繁荣。后代学者高度评价宋朝文化,陈寅恪说:"华夏民族之文化,历数千载之演进,造极于赵宋之世。"① 朱瑞熙认为:"宋朝是中国历史上疆域最小的中原王朝,但它在经济、教育、科技、文化方面所达到的高度,在中国古代是空前的。"② 但两宋朝代的更替,以及内忧外患使得宋代学术的精神面貌与汉唐学术大不相同。钱穆先生曾说:"宋代虽亦称是统一时代,但宋代开国,北有辽,西有夏,并不曾有真统一。而且上承五代传下一派黑暗衰颓气象,因此宋代开国,绝不能和汉唐相比。汉唐诸儒,大体言之,似乎多怀有一番处在升平世的心情。宋代开国六七十年,儒运方起,当时诸儒所怀抱,似乎还脱不了一番拨乱世的心情。言外患,则辽夏并峙。言内忧,则积贫积弱,兵制财制,均待改革。而政府大体制,朝廷大规模,仍亦沿袭五代,初未有一番从头整顿。言社会文化风教,则依然是禅宗佛学,与夫骈四俪六之文章当道得势。宋儒处在此种形势之下,不啻四面楚歌,因此其心情极刺激,不似汉唐儒之安和。而其学术门径,则转极开阔,能向多方面发展,不如汉唐儒之单纯。"③ 也有学者如陈植锷认为,汉人重经,唐人重文,并轻政事,宋人则经术、文艺、政事兼顾。④ 陈平原认为应该更客观地评价宋代文化,认为:唐人更欣赏才情,而宋人则突出学养。⑤ 很难对不同朝代文化进行优劣评价,但植根于宋代独特政治经济环境中的文化有其自身的特点。

一 学术上突破陈规,崇尚义理

唐代前期的儒家们所编纂的对诸经书的注疏,依然是承袭了南北朝以来正义义疏的烦琐章句之学,与汉代的儒家们并无多大变化。宋代的学者,则大都趋向于义理的探索,而视名物训诂为破碎琐屑。宋

---

① 陈寅恪:《金明馆丛稿二编》,生活·读书·新知三联书店2001年版,第277页。
② 朱瑞熙:《重新认识宋代的历史地位》,《河北学刊》2006年第5期。
③ 钱穆:《朱子学提纲》,生活·读书·新知三联书店2002年版,第9页。
④ 陈植锷:《论北宋知识分子的知识结构》,《社会科学研究》1988年第1期。
⑤ 陈平原:《唐宋古文运动述略》下,《浙江社会科学》1996年第2期。

代思想文化活跃，出现了后人称为宋学、道学和理学的思想流派，它们一脉相承又各具特点，突破前代儒家寻章摘句的思维模式而向义理深处探索，但对现实关注的程度不同。对于这几个概念，陈植锷认为，宋学是一个十分宽泛的概念，是一种跨越时代限制的庞大学术体系。道学，本是北宋学者概指传统儒学的特称，南宋朱熹一派借其名以自指，包括周敦颐、二程、张载等。后世遂以"道学"特指程朱学派。理学，本为佛学义理之学与性理之学的简称。宋人在继承儒家传统文化的形式下，融合佛学，建立起自己的学术体系，用理学自称本朝、本派之学。

邓广铭在《略谈宋学》一文中认为："宋学是作为汉学的对立物而出现的，它乃是汉学所引起的一种反动。"宋学是宋代学者以自己独特的思维方式解读儒家经典，是儒释道三家的学说经过长时期的互相交流、斗争、排斥、渗透，相互摄取。他们从佛道两家摄取的，是偏重义理方面和心性修养方面的东西，而对儒家的主张一直坚守不变的，是经世致用的原则。宋学和理学存在巨大差异。邓广铭认为："理学是从宋学中衍生出来的一个支派，我们却不应该把理学等同于宋学。"[①] 理学家是专注于修养身心性命之学，是对宋学的深邃化、抽象化。程颢、程颐兄弟把儒家学说向着抽象的方向和玄妙精深的方向以及注重个人身心修养的方向推进，并由其一传再传的弟子推波助澜，到南宋便形成了理学这一学术流派。

程颢、程颐以义理说经，指出："圣人作经，本欲明道。今人若不先明义理，不可治经。"很显然，二程认为明义理是治经学的目的。而在治经的方法上则提倡以己意去解经，而不必唯古注是从。二程说："善学者，要不为文字所梏。故文义虽解错，而道理可通行者不害也。"[②] 这种治经方法与汉唐诸儒强调通过训诂义疏的治经方法有着巨大差异。程颢程颐进一步将义理之学发展成为理学，以义理之学取代注疏之学，并将义理哲理化。宋代理学家将宇宙本体意义上的

---

① 《邓广铭治史丛稿》，北京大学出版社1997年版，第165页。
② （宋）程颢、程颐：《二程集》，中华书局2004年版，第13、378页。

"理"与儒家伦理学统一于天理。创造性提出了天理论思想。朱熹是程朱理学的集大成者。因为朱熹强调"道",所以他的理学又称道学。朱熹哲学思想围绕"理"与"气"的关系展开,"天道流行,发育万物,有理而后有气,虽是一时都有,毕竟以理为主,人得之以有生"。"天下未有无理之气,亦未有无气之理。"[①] "格物致知"是朱熹认识论的核心。他在《大学章句》里注云:"格,至也。物,犹事也。穷致事物之理,欲其极处无不到也。"[②] "物"既指客观的物质世界,也指包括"天理""人伦"等在内的主观世界。这种注重探索、层层分析的思维方式影响了有宋一代文人。

对于宋学,后代学者也多有不满,如清代乾嘉学者戴震就力图维护儒家学说的纯粹性,对宋儒的这种学风不胜其愤。

二 科举制度进一步完善

学术思维的转变与教育方式紧密相关。在隋唐科举制的基础上,宋代科举考试制度进一步完善。

通过科举考试,平民子弟有了通往仕途的可能。据资料统计宋代科举及第者"非官僚家门"占总数一半以上。美国学者柯睿格根据现存的南宋科举及第名单(1148年与1256年),统计进士出身比例,结论为"非官僚家门"出身者占55%以上。[③]

宋代的科举考试实行糊名誊录,比唐代的科举考试更加公正客观,更加注重学生的学识和文采。考试为学生提供两种选择:一种是考举子对经典及其注疏、或者礼制、法令、秦汉时期的史书等背诵能力的诸科;另一种是考举子作诗文能力的进士科。宋代知识分子并不太看重死记硬背的考试,认为这种考试不能显示考生真正的才华。宋人看重的是通过"文"所体现的考生的个人学识、对事物的看法、见

---

① (宋)朱熹:《朱子全书》第14册,上海古籍出版社2002年版,第117—118、114页。
② (宋)朱熹:《朱子全书》第6册,上海古籍出版社2002年版,第17页。
③ E. A. Kracke, "Family Vs. Merit in Chinese Civil Service Examinations under the Empire", *Harvard Journal of Asiatic Studies*, Vol. 10. 1947.

解。吕希哲回忆北宋最高学府太学的课程设置和教学中分组讨论的情况时说：胡翼之"初为直讲，有旨专掌一学之政……又各因其所好，类聚而别居之，故好尚经术者，好谈兵战者，好文艺者，好尚节义者，皆使之以类群居，相与讲习。胡亦时召之，使论其所学，为定其理。或自出一义，使人人以对，为可否之。当时政事，俾之折衷。故人皆乐，从而有成。今朝廷名臣，往往胡之徒也"。作为北宋时期有代表性的教育思想家，胡翼之"在仁宗朝，尝上书请兴武学……若使尧臣等兼莅武学，每日只讲《论语》，使知忠孝仁义之道，讲孙吴，使知制胜御敌之术，于武臣子孙中选有智略者三二百人教习之，则一二十年之间，必有成效"。"安定先生自庆历教学于苏、湖间，二十余年……独湖学以经义及时务，学中故有'经义斋''治事斋'，'经义斋'者，择疏通有器局者居之，'治事斋者'，人各治一事，又兼一事，如边防、水利之类。"① 胡翼之的课程中设置有"经术""兵战""文艺""节义""政事"等课程，而且非常重视"政事"一科。这可以从一个方面反映北宋知识分子知识结构。

在以上所言及的学术思维及教育风气的影响下，学者们都注重对问题的独立思考，不断为各种经典进行私人的诠释，力求突破前代儒家们寻章摘句的学风，向义理的纵深处进行探索。包弼德（Peter Bol）在《历史上的理学》一书中写道："欧阳修和其他一些人认为，要真正了解上古圣王和孔子，知识分子必须脱离历代的注疏而直接研读经典。必须进一步追问圣王到底创造了什么样的社会？那些引导圣王的价值究竟是什么？现在的社会要如何改造，才能达到那样的理想境界？"② 宋代知识分子希望能依照对自己具有意义的方式诠释经典，且更加关注经典的现实意义。

简单地说，宋人治学注重个性，注重理性发掘，但也不忽视贯通综合，尤其强调博古通今。诚如钱穆先生所说，此种学问路数"若衡

---

① （宋）朱熹：《朱子全书》第12册，上海古籍出版社2002年版，第318页。
② ［美］包弼德：《历史上的理学》，王昌伟译，浙江大学出版社2010年版，第43页。

量之以汉唐儒之旧绳尺,若不免于博杂,又好创新说,竞标已见",然"在宋儒之间,实自有一规格,自成一风气","故宋儒在自汉以下之儒统中,实已自成为新儒,不得谓自理学出世,始有新儒"①。而这种"博杂"的规格,又正好可作为研究宋代文献学的一个起点。

三 宋代文献的丰富

1. 私人著述盛行

两宋时期,外部边境少数民族的军事威胁从未消除过,通过科举入仕的宋代知识分子有着强烈的忧国忧民意识,认为把自己生前的经历和见闻传给后人也是一种责任,如《能改斋漫录》中吴复跋引吴曾语云"既老且死,则无以传也",或庆幸"尚有传",或担心"无以传"②,反映出宋人以不断的著述表达自身强烈的责任感及存在感。文莹《玉壶清话》云:"君臣行事之迹,礼乐文章之范,鸿勋盛美,列胜大业,关累世之隆替,截四海之闻见。惜其散在众帙,世不能尽见,因取其未闻而有劝者,聚为一家之书……古之所以有史者,必欲其传,无其传,则圣贤治乱之迹,都寂寥于天地间。"③ 因此各种体裁、内容的私人作品纷纷出现,与官方编书相映成辉。

此外,宋代造纸与印刷业的发达,为私人著作的撰写及传播提供了极为便利的媒介和工具。景德二年(1005)夏,宋真宗视察国子监阅书库时,询问祭酒邢昺有多少经版,邢昺答曰:"国初不及四千,今十余万,经、传、正义皆具。臣少从师业儒时,经具有疏者百无一二,盖力不能传写。今版本大备,士庶家皆有之,斯乃儒者逢辰之幸也。"④ 宋代印刷业的发达对书籍撰写及文化传播的促进作用。

2. 官方大力提倡

宋太宗曾说:"夫教化之本,治乱之源,苟无书籍,何以取

---

① 钱穆:《朱子学提纲》,生活·读书·新知三联书店2002年版,第13页。
② (宋)吴曾:《能改斋漫录》,上海古籍出版社1979年版,序。
③ (宋)文莹:《玉壶清话》"序",中华书局1984年版。
④ (元)脱脱:《宋史》,中华书局1985年版,第12798页

法?"① 太宗、仁宗、徽宗、高宗诸朝皆曾下诏大规模搜访图书。南、北宋时期国家藏书最多时在 7 万余卷，而《宋史·艺文志》著录达 11 万余卷。自太宗朝建立起完善的馆阁制度后，馆阁校雠即连续不断，大批古籍赖此得以保存和流传。印刷业的发展也为官方所重视，国子监初设有印书钱物所，太宗淳化以后置书库官，专掌刻印经史之事，并出卖印书以收其值，且许士民自出工本费刷印。从此，国子监刻书愈多。近人张元济先生《宝礼堂宋本书录·序》云："人文蜕化，既由朴而华；艺术演进，亦由粗而精。故（雕版）昉于晚唐，沿及五代，至南北宋而极盛。西起巴蜀，东达浙闽，举凡国监、官廨、公库、郡斋、书院、祠堂、家塾、坊肆，无不各尽所能，而使吾国文化日趋于发扬光大之境。"②

宋代书籍中类书的编纂规模宏大。宋初太宗、真宗两朝官修的《太平御览》《太平广记》《文苑英华》《册府元龟》四大部书，总计达 3500 卷，而《御览》与《册府》尤被视为大型类书的代表作。私家所纂类书，见于《宋史·艺文志》的有三百余种，大部分出于宋人。其中王应麟的《玉海》、章如愚的《山堂考索》在后世最受重视，几乎可与"四大部书"比肩。其他如吴淑的《事类赋》、高承的《事物纪原》、孔传的《六帖新书》、叶廷珪的《海录碎事》、不著撰人的《锦绣万花谷》、陈景沂的《全芳备祖》、祝穆的《事文类聚》、谢维新的《古今合璧事类备要》、潘自牧的《记纂渊海》、阴时夫的《韵府群玉》、赵善璙的《自警编》等，也都流传甚广。文集、笔记的增多是宋代文献构成的又一大特点。《宋史·艺文志》的序言说，两宋君臣汲汲于经籍道艺，"迄于终祚，国步艰难，军旅之事，日不暇给，而君臣上下，未尝顷刻不以文学为务，大而朝廷，微而草野，其所制作、讲说、纪述、赋咏，动成卷帙，累而数之，有非前代之所及也"③。其中所谓"纪述、赋咏"的大批成果都保存在宋人的文集

---

① 李焘:《续资治通鉴长编》卷 25，中华书局 1979 年版，第 571 页。
② 张元济:《宝礼堂宋本书录》"序"，文海出版社 1963 年版。
③ （元）脱脱:《宋史》，中华书局 1985 年版，第 5031 页。

第一章 宋代岁时民俗文献出现的学术渊源和时代背景

和笔记中。

在这样一个文化高度发达的朝代,有关岁时民俗的著述极大丰富,且日益受到学者重视。这一点在书目中也可见一斑,北宋真宗景德二年(1005)杜镐《龙图阁书目》在史传大类中专门列出"岁时"。北宋仁宗庆历元年(1041),王尧臣等修成《崇文总目》,史部专列"岁时类",这标志着岁时民俗文献数量日渐丰富,体例日渐成熟,形成自身独特的文体特点。有宋一代,除去岁时民俗专著,有关岁时民俗的记录在私人撰写的笔记体散文和类书中也频繁出现。本书简要介绍宋代岁时民俗专著及笔记和类书中的岁时民俗内容,并试图探讨其书写特点。

第二章

宋代笔记中的岁时民俗部分

"笔记"一词本指执笔记述。南北朝时期，文章崇尚骈俪之风。学者们称注重辞藻，讲求声韵、对偶的文章为"文"；称信笔记录，不以文饰的散行文字为"笔"，即刘勰所谓"无韵者笔也，有韵者文也"。后人将零星琐碎的随笔、杂录统名为"笔记"。宋代以后，笔记作为文体的观念逐渐形成。北宋宋祁著有《笔记》三卷，后又陆续出现了《仇池笔记》《芥隐笔记》《卢浦笔记》《老学庵笔记》《密斋笔记》等。《四库全书总目》中有"笔记之文""笔记之流"的表述。明朝陈继儒云："小说独盛于唐，唐科举一岁一举行，才子下第，白首滞长安不得归，则与四方同侣，架空成文，以此磨耗壮心，而荡涤旅况，故其文恍忽吊诡多不经，而宋之士大夫独不然，家居退闲，往往能称说朝家故实，及交游明贤之言行而籍记之。有国史漏而野史独详者。"[①] 作为一种文学体裁，笔记包含的内容非常广泛，不仅包括难以归入正史范畴的杂史、野史，文人的逸闻趣事，也包括文学作品的创作心得与批评杂议，以及有关地理环境、自然风光、风俗人情、市井民生的记载，学术性的考证辨析等，是跨越文学与非文学，事实与虚构，议论、抒情与叙事之间的一种文体。

宋初的笔记，多叙唐五代故事。比如，郑文宝的《南唐近事》、张洎的《贾氏谈录》、钱易的《南部新书》。仁宗以后，笔记内容始

[①] （明）陈继儒：《陈眉公集》卷五《闻雁笔谈序》，《续修四库全书》，上海古籍出版社2002年版，第1380册，第67页。

偏重于辑录当代史料，朝廷故实。南渡的士大夫往往通过笔记追述北宋旧闻、名臣言行，记叙汴京政局、民情风俗。随着宋代商业的发达，都市的繁荣，出现专门记叙都市生活与风俗习惯的笔记，如孟元老的《东京梦华录》十卷，灌圃耐得翁的《都城纪胜》一卷，西湖老人的《西湖老人繁胜录》一卷，吴自牧的《梦粱录》十卷，周密的《武林旧事》十卷。这几部笔记详细记叙两宋都市经济状况和百姓物质生活与文化生活，内容的丰富，远远超过一般地方志之类的著作。

美国学者包弼德通过张耒的《明道杂志》来考察宋代文人的笔记写作与宋代知性史，试图探究在宋代流行"笔记"这一文体本身的意义所在。他认为笔记是缺乏统一性的写作形式，它展示出与宋代道学所呈现的系统、统一、普遍的世界观相对立的多样性，以及宋代文人强调实际经验与现象之特殊性的思维特征。[1]

宋代知识分子的社会责任意识格外强烈。他们似乎认为把自己生前的经历和见闻传给后人是一种责任，如苏辙《龙川别志》序云："予幸获与之周旋，听其所讲说，后生有不闻者矣。贡父尝与予对直紫徽阁下，喟然太息曰：'予一二人死，前言往行湮灭不载矣。君苟能记之，尚有传也。'"[2] 又如，南宋张端义担心士大夫知道前事越来越少，因而才去写《贵耳集》，"渡江以来，隆绍间，士大夫犹语元符、宣政旧事，淳熙间士大夫，犹语炎、隆旧事，庆元去淳熙未远，士大夫知前事者渐少，嘉定以后，视宣、炎间事，十不知九矣，况今端、淳乎"[3]。

第一节 《东京梦华录》中的岁时民俗部分

《东京梦华录》共10卷，孟元老撰。孟元老自署幽兰居士，北宋

---

[1] Peter Bol, "A Literati Miscellany and Sung Intellectual History: The Case of Chang Lei's Ming - tao tsa - chih", *Journal of Sung - Yuan Studies*, Vol. 25, 1995.
[2] （宋）苏辙：《龙川略志 龙川别志》，中华书局1982年版，第67页。
[3] （宋）张端义：《贵耳集》，中华书局1985年版，第1页。

旧人，于南渡之后，追忆汴京的繁盛而作此书。《东京梦华录·序》云："近与亲戚会面，谈及曩昔，后生往往妄生不然，仆恐浸久，论其风俗者，失于事实，诚为可惜，谨省记编次成集，庶几开卷得睹当时之盛。古人有梦游华胥之国，其乐无涯者，仆今追念，回首怅然，岂非华胥之梦觉哉。目之曰《梦华录》……此录语言鄙俚，不以文饰者，盖欲上下通晓尔，观者幸详焉。"① 指明作者撰写此书意为追忆记录汴梁繁盛景象以留存于后世。此书对汴京的都城坊市、节序风俗、典礼仪卫，无不记载翔实，是记录宋代汴京岁时风俗的重要著作。

此书第一卷到第三卷以空间为序，全方位描述汴京的城市格局，从城外、内城到河道、桥梁，从皇宫内外的官署衙门到城内的市井坊市、酒楼店铺，以及市场店铺中的各路商贾、各种交易、各色物品等，描绘井然有序。第六卷到第十卷以时间为序，叙述汴京民众一年四时的岁时节庆，如，元旦朝会，元宵灯会，清明游赏，四月浴佛，五月端午，七夕乞巧、中元祭鬼、中秋赏月，重阳赏菊，冬至郊祀，除夕大傩，等等。这些记录有助于后人了解宋代京城的岁时风俗。

一 《东京梦华录》作者版本考源

1. 孟元老为何人

《东京梦华录》的作者孟元老究竟为何人，古今学者都对这一问题多方考证。清代的常茂徕和当代学者顾传渥认为孟元老为孟昌龄的儿子孟揆。邓之诚、孔宪易和李致忠则否定此说。常茂徕首先提出孟元老是修建艮岳的户部侍郎孟揆，因艮岳的修建为世人所愤，因隐其名而代之以字"元老"。顾传渥依据《东京梦华录》中提到频率较高的人物以及对教坊乐充分且详细的描绘，认为这能显示作者的社会关系以及社会职务，从而推测孟元老为《东京梦华录》中出现频率较高的教坊乐使孟景初，并从人名的角度，依据屈原《离骚》中的句子"摄提贞于孟陬兮，惟庚寅吾以降。皇览揆余于初度兮，肇锡余以嘉

---

① （宋）孟元老：《东京梦华录》，中州古籍出版社2010年版，第19—20页。

名",提出孟景初即为孟揆,名、字都取自《离骚》,揆为名,景初为字。并认为当时任教坊使的孟揆因社会地位低下,不愿玷污在朝中任职的父亲的名誉,故暂时使用景初为名。①

邓之诚认为宋人多以"老"命名,否认常茂徕提出的孟元老即孟揆这一说法,但他并没有明确指出孟元老为何人,言下之意是宋人多以"老"为名,孟元老不过是其中非常普通的一个而已。孔宪易也反对孟元老即孟揆的说法。他在《孟元老其人》一文中认为孟元老在崇宁二年(1103)入京时尚不及"长立",而据史料记载,艮岳的修建是在政和二年(1112),孟元老不可能在九年之后就担任修建艮岳的重任。同时还据《东京梦华录》中提到的"观妓籍则府曹衙罢"一点,认为孟元老为时任开封府仪的孟钺,是孟昌龄及其诸子孟揆、孟持、孟扬、孟扩等的"有服"晚辈族人,文中所记都是作者亲眼所见亲身所历的事。因艮岳的修建与孟家有关,且社会负面影响太大,因此文中不记艮岳及相关事宜。② 李致忠的《〈东京梦华录〉作者续考》则遵循孔宪易先生的思路,补充一些资料,略加续考,进一步确认孟元老即孟钺,孟昌龄孙,孟扬、孟揆子辈,"元老"是其俗称,而非字。③

据以上学者考证,孟元老为何人大概有以下几种可能:第一,孟元老只是宋代众多以"老"为名的普通人中的一员。邓之诚在《东京梦华录注序》中认为,按照《东京梦华录》的描述手法来看,孟元老甚至并非文人。

第二,据顾传渥的观点,孟元老为孟昌龄儿子孟揆,即文中经常提到的教坊使孟景初。顾传渥认为孟揆在28岁之前担任教坊使,28岁左右任都水使,30岁左右担任吏部侍郎,38岁左右担任工部侍郎。

第三,据孔宪易、李致忠的观点,孟元老为孟昌龄的孙辈孟钺。

---

① 顾传渥:《何人孟元老》,《南充师院学报》(哲学社会科学版)1981年第1期。
② 孔宪易:《孟元老其人》,《历史研究》1980年第4期。
③ 李致忠:《〈东京梦华录〉作者续考》,《文献》2006年第3期。

据《东京梦华录·序》中所述，孟元老崇宁癸未随先人到京师，据《宋史·蔡京传》记载，蔡京在崇宁年间仕途一帆风顺，先后被拜为尚书左臣、代曾布为右仆射、进左仆射。占据要职后，起用群党，把握朝政。孟昌龄即为其中一员。据《宋史·河渠志三》记载，孟昌龄父子相继长期担任都水监一职，长期在朝廷任职。作为孟昌龄孙辈的孟钺在先辈的荫庇下获得府曹这一闲职，混迹于京城，因此对民众的日常生活非常了解。同时由于父辈身居要职，对宫廷诸事物也多有耳闻。其身份与《东京梦华录》中所记述的内容比较符合。

但上述对孟元老身份的推断都有其破绽，没有确切的材料可证实其中任何一个推论。依据《宋史·河渠志》《宋会要辑稿·职官》中的相关资料记载，众学者大致达成的共识是，孟元老与孟昌龄有着紧密联系，至少是同族。而争论的焦点一在于孟元老是孟昌龄的儿子孟揆还是孙辈孟钺，二在于"元老"为其字，还是只是宋代一个普通的俗称。在孟元老是孟揆还是孟钺的问题上，值得探讨的是孟元老在《东京梦华录·序》中所说的"仆从先人宦游南北，崇宁癸未到京师，卜居于州西金梁桥西夹道之南。渐次长立，正当辇毂之下，太平日久，人物繁阜……"①中的"渐次长立"大概为哪个年龄段？孔宪易否定孟元老为孟揆的一个最大依据就是，进入都城时尚不及"长立"的孟元老，不可能在九年后就能担任修建艮岳的重任。

从《东京梦华录》内容来看，孟景初这个名字出现频率较高，文中甚至有对此人物形象详细地描绘。如卷六之《收灯都人出城探春》有"西去一丈佛园子、王太尉园。奉圣寺前孟景初园"。卷九之《宰执亲王宗室百官入内上寿》有"是时教坊杂剧色，鳖膨、刘乔、侯伯朝、孟景初、王颜喜而下，皆使副也"。卷十之《除夕》有对孟景初形象的描绘，"教坊使孟景初身品魁伟，贯全副金镀铜甲，装将军"②。但这是否能充分说明孟元老即为孟景初？另外，依《东京梦华录》所记内容看，几乎皇室的所有大型活动都会有教坊乐队的出

---

① （宋）孟元老：《东京梦华录》，中州古籍出版社2010年版，第19页。
② （宋）孟元老：《东京梦华录》，中州古籍出版社2010年版，第118、164、197页。

现，作者孟元老对教坊乐似乎尤为熟悉，着墨颇多，描写非常细致，细致到对教坊乐出演时每一部曲目都清清楚楚，似乎只有曾经参与过此事的人或是听闻参与过此事的人讲述才会如此清楚。对此有几种可能：一是教坊使孟景初在当时伎艺出众，盛名在外，都城百姓都知晓这一人物。二是孟元老与孟景初私人关系密切。三是如顾元渥推测的孟元老即为孟景初。就《宋会要辑稿·职官》及《河渠志》等资料记录的孟昌龄家族官职地位来看，这一点是符合的。所以关于孟元老为何人还需进一步资料证实，一是年龄，二是是否有明确史料可证实孟揆或孟钺字元老或景初。

2.《东京梦华录》版本

据孟元老《东京梦华录·序》中所言，此书成书于绍兴丁卯年（1147）。众学者对《东京梦华录》研究较为充分，对其版本流传梳理也较为明晰。此书版本流传大致如下：

（1）宋大字本

这一刊本已亡佚。《东京梦华录》最早刊行于南宋孝宗淳熙十四年（1187），赵师侠为之题跋。后人称为"宋大字本"。赵希弁《昭德先生郡斋读书志·附志》所录《梦华录》一卷，陈振孙《直斋书录解题》和马端临《文献通考》著录的《东京梦华录》一卷，都是依据这一刊本。

（2）元刊本

题为《幽兰居士东京梦华录》，十卷，黄丕烈为此刊本题跋，日本静嘉堂文库收藏此版本。1934年，静嘉堂文库为研究者方便，影印黄丕烈旧藏元刊本，成为《东京梦华录》通行本中的标准本。伊永文的《〈东京梦华录〉版本发微》一文认为，目前使用最多、最为常见即为此版本。1958年古典文学出版社亦据此元刊本校点出书。1962年中华书局上海编辑所又以此本重印，并结合其他几个版本如《秘册汇函》本、《学津讨原》本和《说郛》本加以校勘和断句标点。

（3）明刊本："秘册汇函本""津逮秘书本""说郛本"

《东京梦华录》的弘治十六年（1503）刊本，共十卷，是据元刊本的重刻本。邓之诚《东京梦华录注·自序》谓"今传世元刻本外，有明弘治癸亥重刻本，今李濂《汴京遗迹志》中有《跋〈东京梦华录〉》一首未知即为弘治本而作否"①。

万历年间沈士龙、胡震亨又将《东京梦华录》重刻，仍为十卷，收入《秘册汇函》中，这便是后来所谓的"秘册汇函本"。崇祯年间，沈士龙、胡震亨的《秘册汇函》残版的补刻本为"绿君亭本"。毛晋据此本，并加上自己所收藏的古籍，编定并刊行为丛书《津逮秘书》，其中包括《东京梦华录》，毛晋有题跋，便是后来所谓的"津逮秘书本"。"秘册汇函本"和"津逮秘书本"中的《东京梦华录》实为一种。

明代陶宗仪编、陶珽重校的《说郛》中收有《东京梦华录》一卷，可能是依据南宋时初刻的一卷本，但是由于宋刊本已经失传，无法比对。

（4）清刊本："学津讨原本"

乾隆年间，《四库全书》收录《东京梦华录》十卷，并将之归于"史部·地理类"，卷前有四库馆臣所写提要。嘉庆年间，张海鹏在毛晋《津逮秘书》的基础上又加以取舍，把丛书名更改为《学津讨原》。收录《东京梦华录》十卷，附有赵师侠原跋、沈士龙跋、胡震亨跋、毛晋跋，这便是后来所谓的"学津讨原本"。《东京梦华录》还有钞本传世。道光十二年（1832）开封常茂徕有《东京梦华录》钞本，民国时期由邓孝先收藏。

二 《东京梦华录》中的岁时民俗描写

《东京梦华录》中的岁时民俗描写主要集中在第六卷至第十卷，这一部分以四季时间为序，叙述北宋皇室及汴京民众一年四时的岁时节庆，其中既包含传统节庆节日如元旦朝会、元宵灯会、清明游赏、四月浴佛、五月端午、七夕乞巧、中元祭鬼、中秋玩月、重阳赏菊、

---

① 邓之诚：《东京梦华录注》，中华书局 1980 年版，第 1 页。

冬至郊祀、除夕大傩等，也细致的描绘了北宋皇室在特定时间的祭祀、赏游活动的仪式、场景。这部分共有43个标目，现列如下：（1）正月；（2）元旦朝会；（3）立春；（4）元宵；（5）十四日车驾幸五岳观；（6）十五日驾诣上清宫；（7）十六日；（8）收灯都人出城探春；（9）清明节；（10）三月一日开金明池琼林苑；（11）驾幸临水殿观争标锡宴；（12）驾幸琼林苑；（13）驾幸宝津楼宴殿；（14）驾登宝津楼诸军呈百戏；（15）驾幸射殿射弓；（16）池苑内纵人关扑游戏；（17）驾回仪卫；（18）四月八日；（19）端午；（20）六月六日崔府君生日，二十四日神保观神生日；（21）是月巷陌杂卖；（22）七夕；（23）中元节；（24）立秋；（25）秋社；（26）中秋；（27）重阳；（28）十月一日；（29）天宁节；（30）宰执亲王宗室百官入内上寿；（31）立冬；（32）冬至；（33）大礼预教车象；（34）车驾宿大庆殿；（35）驾行仪卫；（36）驾宿太庙奉神主出室；（37）驾诣青城斋宫；（38）驾诣郊坛行礼；（39）郊毕驾回；（40）下赦；（41）驾还择日诣诸宫行谢；（42）十二月；（43）除夕。具体月份中的节气节日及相关活动见表2-1：

表2-1　　　　　《东京梦华录》节气节日及活动内容

月份	节气节日及活动内容
正月	元旦朝会、立春、元宵、十四日车驾幸五岳观、十五日驾诣上清宫、十六日、收灯都人出城探春
三月	三月一日开金明池琼林苑、驾幸临水殿观争标锡宴、驾幸琼林苑、驾幸宝津楼宴殿、驾登宝津楼诸军呈百戏、驾幸射殿射弓、池苑内纵人关扑游戏、驾回仪卫
四月	四月八日佛生日
五月	端午
六月	六月六日崔府君生日，二十四日神保观神生日，是月巷陌杂卖
七月	七夕、中元节
八月	立秋、秋社、中秋
九月	重阳

续表

月份	节气节日及活动内容
十月	十月一日、天宁节、宰执亲王宗室百官入内上寿、立冬
十一月	冬至、大礼预教车象、车驾宿大庆殿、驾行仪卫、驾宿太庙奉神主出室、驾诣青城斋宫、驾诣郊坛行礼、郊毕驾回、下赦、驾还择日诣诸宫行谢
十二月	除夕

按照活动主体大致可分为以下两类：第一类，皇室活动，如"十四日车驾幸五岳观""十五日驾诣上清宫""十六日"都是描绘皇室在元宵前后的出行玩赏活动；三月一日开金明池琼林苑、驾幸临水殿观争标锡宴、驾幸琼林苑、驾幸宝津楼宴殿、驾登宝津楼诸军呈百戏、驾幸射殿射弓、池苑内纵人关扑游戏、驾回仪卫，这八项描绘皇室在三月清明寒食前后的一系列出行活动，对游玩地点、玩赏内容都有详细描绘；天宁节、宰执亲王宗室百官入内上寿，这两项描绘庆贺皇室生日的一系列繁复的宴乐仪式；大礼预教车象、车驾宿大庆殿、驾行仪卫、驾宿太庙奉神主出室、驾诣青城斋宫、驾诣郊坛行礼、郊毕驾回、下赦、驾还择日诣诸宫行谢，这九项是描绘皇室冬至前后入太庙奉神主出室以及郊坛行礼所做的筹备工作、出行的仪仗、行礼的一系列仪式。第二类，民众在传统节气节日中的活动，如元宵、端午、七夕、中元节、立秋、秋社、中秋、重阳、立冬、冬至、除夕，这十一项主要关注的是民众在节日中的特色饮食以及特色活动。

具体而言，《东京梦华录》的岁时民俗部分突出了以下内容。

1. 通过皇室及民众的节日游玩活动展示出汴京的地理空间

《东京梦华录》岁时民俗部分是以节日时间为序展开叙述，但在描绘具体节日生活的过程中包含有大量的空间描写，如对皇室游玩景点金明池、琼林苑、宝津楼宴殿的描绘，金明池"池在顺天门街北，周围约九里三十步，池西直径七里许。入池门内南岸西去百余步，有面北临水殿，车驾临幸，观争标、锡宴于此……又西去数百步，乃仙桥，南北约数百步，桥面三虹，朱漆阑楯，下排雁柱，中央隆起，谓之'骆驼虹',若飞虹之状"①。

琼林苑"在顺天门大街,面北,与金明池相对。大门牙道,皆古松怪柏。两傍有石榴园、樱桃园之类,各有亭榭,多是酒家所占。苑之东南隅,政和间创筑华觜冈,高数十丈。上有横观层楼,金碧相射。下有锦石缠道,宝砌池塘,柳锁虹桥,花紫凤舸。其花皆素馨、茉莉、山丹、瑞香、含笑、射香等闽、广、二浙所进南花。有月池、梅亭、牡丹之类。诸亭不可悉数"。宝津殿"殿之西有射殿,殿之南有横街,牙道柳径,乃都人击球之所。西去苑西门,水虎翼巷。横道之南,有古桐牙道,两旁亦有小园圃台榭。南过画桥,水心有大撮焦亭子,方池柳步围绕,谓之'虾蟆亭',亦是酒家占"②。

"驾诣郊坛行礼"中对郊坛的描绘:"坛高三层,七十二级。坛面方圆三丈许,有四踏道。正南曰午阶,东曰卯阶,西曰酉阶,北曰子阶。坛上设二黄褥,位北面南曰'昊天上帝',东南面曰'太祖皇帝'。惟两矮案,上设礼料。有登歌道士十余人,列钟磬二架,余歌色及琴瑟之类,三五执事人而已。"③

"收灯都人出城探春"中对城外各个园子的描绘介绍:"州南则玉津园外,学方池亭榭、玉仙观、转龙湾。西去一丈佛园子、王太尉园。奉圣寺前孟景初园。四里桥望牛冈、剑客庙。自转龙湾东去陈州门外,园馆尤多。州东宋门外快活林、勃脐陂、独乐冈、砚台、蜘蛛楼、麦家园、虹桥、王家园。曹、宋门之间,东御苑、乾明崇夏尼寺。州北,李驸马园。州西,新郑门大路,直过金明池西道者院,院前皆妓馆。以西宴宾楼,有亭榭、曲折池塘、秋千画舫,酒客税小舟,帐设游赏。相对祥祺观,直至板桥,有集贤楼、莲花楼,乃之官河东,陕西五路之别馆,寻常钱送,置酒于此。过板桥,有下松园、王太宰园、杏花冈。金明池角南去,水虎翼巷水磨下蔡太师园。南洗马桥西巷内,华严尼寺、王小姑酒店。北金水河,两浙尼寺、巴娄

---

① (宋)孟元老:《东京梦华录》,中州古籍出版社2010年版,第123—124页。
② (宋)孟元老:《东京梦华录》,中州古籍出版社2010年版,第131—132页。
③ (宋)孟元老:《东京梦华录》,中州古籍出版社2010年版,第187页。

寺、养种园,四时花木,繁盛可观。南去药梁园、童太师园。南去铁佛寺、鸿福寺、东西柏榆村。州北模天坡、角桥,至仓王庙、十八寿圣尼寺、孟四翁酒店。州西北原有庶人园,有创台、流杯亭榭数处,放人春赏。大抵都城左近,皆是园圃,百里之内,并无闲地。"①

对这些场景及其地理位置的细致、朴实描写,能具体呈现宋代汴京的空间格局和重要景点,从而使读者能身临其境地感受到汴京的节日氛围。

2. 以皇室为主体的节日庆典活动

《东京梦华录》卷六至卷十共有43项条目,其中以皇室为活动主体的节日标目如"十四日车驾幸五岳观""驾幸临水殿观争标锡宴"等有22条之多,占全书岁时内容的一半。这些条目细致描绘了皇室活动的仪仗、仪式,出席人员的服饰、举止、饮食。这些内容对研究北宋宫廷生活具有重要的资料价值,多为后代岁时民俗文献所征引。

皇室活动主要分为朝臣朝拜皇室,及皇室祭祀和出游的仪式活动。

(1) 朝臣朝拜皇室

条目"元旦朝会"详细描绘朝廷百官、举人、诸国使人于元旦入朝拜贺,对朝会使者的衣着服饰有详细描绘。如"诸国使人入贺,殿庭列法驾仪仗,百官皆冠冕朝服。诸路举人解首亦士服立班,其服二量冠,白袍青缘……诸国使人:大辽大使顶金冠,后檐尖长,如大莲叶,服紫窄袍,金蹀躞;副使展裹金带,如汉服。大使拜则立左足,跪右足,以两手着右肩为一拜;副使拜如汉仪。夏国使副,皆金冠,短小样制,服绯窄袍,金蹀躞,吊敦背,叉手展拜。高丽与南番交州使人,并如汉仪。回纥皆长髯高鼻,以匹帛缠头,散披其服。于阗皆小金花毡笠,金丝战袍,束带,并妻男同来,乘骆驼,毡兜铜铎入贡。三佛齐皆瘦脊,缠头,绯衣上织成佛面。又有南蛮五姓番,皆椎髻乌毡,并如僧人礼拜入见,旋赐汉装锦袄之类"②。对来朝参拜的诸

---

① (宋)孟元老:《东京梦华录》,中州古籍出版社2010年版,第118页。
② (宋)孟元老:《东京梦华录》,中州古籍出版社2010年版,第102—103页。

第二章　宋代笔记中的岁时民俗部分

国使臣的容貌装束描绘非常细致，如同亲身经历一般，也体现出一个北宋遗民对故国强盛国力的自豪及追念。

条目"宰执亲王宗室百官入内上寿"描绘朝内百官及诸国使臣入朝贺寿，详细罗列了贺寿的座次、食物以及御宴的整个交杯换盏过程：

座次：百官以下谢坐讫，宰执、禁从、亲王、宗室、观察使以上，并大辽、高丽、夏国使副，坐于殿上；诸卿少百官，诸国中节使人，坐两廊；军校以下，排在山楼之后。

食物：每分列环饼、油饼、枣塔为看盘，次列果子。唯大辽加之猪羊鸡鹅兔连骨熟肉为看盘，皆以小绳束之。又生葱韭蒜醋各一碟，三五人共列浆水一桶，立勺数枚。

凡御宴至第三盏，方有下酒肉，咸豉爆肉、双下驼峰角子。

第四盏：下酒，楂炙子骨头、索粉、白肉胡饼。

第五盏：下酒，群仙炙、天花饼、太平毕罗、干饭、缕肉羹、莲花肉饼。

第六盏：下酒，假鼋鱼、蜜浮酥捺花。

第七盏：下酒，炊排羊、胡饼、炙金肠。

第八盏：下酒，假沙鱼、独下馒头、肚羹。

第九盏：下酒，水饭、簇钉下饭。驾兴。[①]

这些细节描写不论是作者亲身体验还是听闻于他人以后的记录，对北宋宫廷生活研究都是非常宝贵的资料。

（2）皇室祭祀及出游活动

"（正月）十四日车驾幸五岳观""十五日驾诣上清宫""十六日"，"（三月一日）驾幸临水殿观争标锡宴""驾幸琼林苑""驾幸宝津楼宴殿""驾登宝津楼诸军呈百戏""驾幸射殿射弓""驾回仪卫"，"（冬至前三日）车驾宿大庆殿""（冬至前二日）驾宿太庙奉神主出室""（冬至前二日）驾诣青城斋宫""（冬至前二日）驾诣郊

[①] （宋）孟元老：《东京梦华录》，中州古籍出版社2010年版，第162—163页。

坛行礼""郊毕驾回""驾还择日诣诸公行谢",这些条目都是讲述诸节前后圣驾临幸之所,五岳观、上清宫、临水殿、琼林苑、宝津楼、射殿、大庆殿、太庙、青城斋。

这些条目详细描绘了皇室随行仪仗,如"(正月)十四日车驾幸五岳观"中"御椅子皆黄罗珠蹙背座,则亲从官执之。诸班直皆幞头锦袄束带,每常驾出,有红纱帖金烛笼二百对,元宵加以琉璃玉柱掌扇灯,快行家各执红纱珠络灯笼……近侍馀官皆服紫绯绿公服……选诸军膂力者,着锦袄顶帽,握拳顾望,有高声者,捶之流血"[1]。

"十四日车驾幸五岳观"中对行进仪仗的描写,"教坊、钧容直乐部前引,驾后诸班直马队作乐。驾后围子外,左则宰执侍从,右则亲王、宗室、南班官。驾近,则列横门十余人击鞭,驾后有曲柄小红绣伞,亦殿侍执之于马上。驾入灯山,御辇院人员辇前喝'随竿媚来',御辇团转一遭,倒行观灯山,谓之'鹁鸽旋',又谓之'踏五花儿',则辇官有喝赐矣。"[2]

"驾诣郊坛行礼"中"礼直官奏请驾登坛,前导官皆躬身侧引至坛止,惟大礼使登之。先正北一位拜,跪酒,殿中监东向一拜,进爵盏,再拜,兴。复诣正东一位。才登坛而宫架声止,则坛上乐作,降坛则宫架乐复作。武舞上,复归小次。亚献、终献,上亦如前仪。当时燕越王为亚终献也。第二次登坛,乐作如初。跪酒毕,中书舍人读册,左右两人举册而跪读。降坛,复归小次,亚终献如前。再登坛,进玉爵盏,皇帝饮福矣。亚终献毕,降坛,驾小次前立,则坛上礼料币帛玉册,由西阶而下。南壝门外,去坛百余步,有燎炉,高丈许。诸物上台,一人点唱,入炉焚之。坛三层,回踏道之间,有十二龛,祭十二宫神,内壝外祭百星。执事与陪祠官皆面北立班。宫架乐罢,鼓吹未作,外内数十万众肃然,惟闻轻风环佩之声。一赞者喝曰:'赞一拜!'皆拜。礼毕。"[3]

---

[1] (宋)孟元老:《东京梦华录》,中州古籍出版社2010年版,第110页。
[2] (宋)孟元老:《东京梦华录》,中州古籍出版社2010年版,第110—111页。
[3] (宋)孟元老:《东京梦华录》,中州古籍出版社2010年版,第187页。

第二章 宋代笔记中的岁时民俗部分

也有对出行仪仗的随行人员服饰装扮的描绘。如"(正月)十四日车驾幸五岳观"中对众随行人员衣着服饰的描写:"围子、亲从官皆顶球头大帽,簪花,红锦团答戏狮子衫,金镀天王腰带,数重骨朵。天武官皆顶双卷脚幞头,紫上大搭天鹅结带,宽衫。殿前班顶两脚屈曲向后花装幞头,着绯青紫三色捻金线结带望仙花袍,跨弓剑,乘马,一扎鞍辔,缨绋前导。""(冬至前三日)车驾宿大庆殿"中有对众官服饰头冠的描写,"宰执百官皆服法服,其头冠各有品从。宰执亲王加貂蝉笼巾九梁,从官七梁,余六梁至二梁有差,台谏增豸角也。所谓'梁'者,谓冠前额梁上排金铜叶也。皆绛袍皂缘,方心曲领,中单环佩,云头履鞋,随官品执笏。余执事人,皆介帻绯袍,亦有等差。惟阁门御史台加方心曲领尔。"①

"驾行仪卫"中有对皇帝仪卫人员服饰的描写:"跨马之士,或小帽锦绣抹额者,或黑漆圆顶幞头者,或以皮如兜鍪者,或漆皮如戽斗而笼巾者,或衣红黄罨画锦绣之服者,或衣纯青纯皂以至鞋裤皆青黑者,或裹交脚幞头者,或以锦为绳如蛇而绕系其身者……余诸司祗应人,皆锦袄。诸班直、亲从、亲事官,皆帽子、结带、红锦,或红罗上紫团答戏狮子、短后打甲背子,执御从物。御龙直皆真珠结络短顶头巾、紫上杂色小花绣衫,金束带、看带、丝鞋。天武官皆顶朱漆金装笠子、红上团花背子。三衙并带御器械官,皆小帽、背子或紫绣战袍,跨马前导。"②

"驾宿太庙奉神主出室"中对皇帝及其随从的服饰描写:皇帝"驾乘玉辂,冠服如图画间星官之服,头冠皆北珠装结,顶通天冠,又谓之'卷云冠',服绛袍,执元圭"。随从卫士"皆裹黑漆团顶无脚幞头,着黄生色宽衫,青窄衬衫,青裤,系以锦绳"③。

(3)皇室活动中的教坊乐

文中还有一点值得注意,即对教坊活动描绘尤为细致,坊乐人员

---

① (宋)孟元老:《东京梦华录》,中州古籍出版社2010年版,第110、177页。
② (宋)孟元老:《东京梦华录》,中州古籍出版社2010年版,第181页。
③ (宋)孟元老:《东京梦华录》,中州古籍出版社2010年版,第184页。

的服饰、乐器摆放位置，所作曲子的次序，歌舞场景都非常详尽。教坊乐队出现频率非常高，不论是宫廷庆贺、祭祀，还是皇室出游的仪仗，教坊乐队似乎都是必不可少的，而且对奏乐曲目、乐器都描绘得非常细致。如"宰执亲王宗室百官入内上寿"中"第一盏，御酒，歌板色一名，唱中腔一遍讫……第二盏，御酒，歌板色，唱如前……第三盏，左右军百戏入场，一时呈拽……第四盏，如上仪……第五盏，御酒，独弹琵琶。百官酒，乐部起三台舞。参军色执竹竿子作语，勾小儿队舞……第六盏，御酒，笙起慢曲子。百官酒，三台舞，左右军筑球……第七盏，御酒，慢曲子。宰臣酒，皆慢曲子。百官酒，三台舞讫，参军色作语，勾女童队入场……第八盏，御酒，歌板色，一名唱《踏歌》……第九盏，御酒，慢曲子。左右军相扑"①。

"驾诣郊坛行礼"中对郊前乐器也有详细描绘："坛前设宫架乐，前列编钟、玉磬。其架有如常乐，方响增其高大。编钟形稍扁，上下两层挂之，架两角缀以流苏。玉磬状如曲尺，系其曲尖处，亦架之，上下两层挂之。次列数架大鼓，或三或五，用木穿贯，立于架座上。又有大钟，曰景钟，曰节鼓。有琴而长者，如筝而大者，截竹如箫管两头存节而横吹者，有土烧成如圆弹而开窍者，如笙而大者，如箫而增其管者。有歌者，其声清亮，非郑、卫之比。宫架前立两竿，乐工皆裹介帻如笼巾，绯宽衫，勒帛。二舞者，顶紫色冠，上有一横板，皂服，朱裙履。乐作，初则文舞，皆手执一紫囊，盛一笛管结带。武舞，一手执短稍，一手执小牌，比文舞加数人，击铜铙响环，又击如铜灶突者，又两人共携一铜瓮就地击者。舞者如击刺，如乘云，如分手，皆舞容矣。乐作，先击柷，以木为之，如方壶，画山水之状，每奏乐，击之，内外共九下。乐止则击敔，如伏虎，脊上如锯齿，一曲终，以破竹刮之。"②

这种对仪式的重视源自中国儒家礼乐思想。《礼记·明堂位》中

---

① （宋）孟元老：《东京梦华录》，中州古籍出版社2010年版，第163—166页。
② （宋）孟元老：《东京梦华录》，中州古籍出版社2010年版，第187页。

记有周成王赐鲁以天子礼乐的内容:"是以鲁君孟春乘大路,载弧韣,旗十有二旒,日月之章,祀帝于郊,配以后稷,天子之礼也。……季夏六月,以禘礼祀周公于大庙,牲用白牡,尊用牺、象、山罍,郁尊用黄目,灌用玉瓒大圭,荐用玉豆、雕篹,爵用玉琖仍雕,加以璧散、璧角,俎用梡、嶡。"① 大路是天子祭天的车,弧韣是用来张旗的竹竿。禘是天子祭始祖的大祭。尊、爵都是酒器,其他几种也多是容器,以盛祭品。周礼对不同等级的祭祀所使用的礼器有种种规定,对这些礼器的外形、材质、加工方法等都有明确规定。

此外祭祀仪式中配有音乐,周王特许鲁国国君祭祀周公可用天子之礼。"升歌《清庙》,下管《象》;朱干玉戚,冕而舞《大武》,皮弁素积,裼而舞《大夏》。《昧》,东夷之乐也;《任》,南蛮之乐也。纳夷蛮之乐于大庙,言广鲁于天下也。"② 《清庙》是《周颂》的一首,朱干是一种盾,玉戚是一种斧,大武、大夏都是乐名,皮弁则是天子朝服。这些都是指祭祀歌舞所用的乐、诗、乐器、舞具等。

由以上成王所赐鲁君的"天子礼乐"可知,祭祀用器、用牲、车旗、乐诗、舞曲、太庙及形制装饰在儒家祭祀礼仪体系中具有重要意义。

陈来认为,自周以后,中国历代王朝莫不敬天法地,岁时祭祀,并形成一套庄严宏伟的祭祀礼仪体系,这是保持政治神圣性的重要方式。③ 仪仗、服饰、音乐是这些礼仪体系中不可缺少的内容。皇室的节日生活在这些隆重仪式的烘托下呈现出某种程度的神圣性。

3. 节日中一系列商品买卖活动显示北宋时期商品经济的活跃

在各个节日来临之际,时令的水果蔬菜、农产品、特色的手工食品,以及具有纪念意义的手工制品纷纷上市,成为集市重要的经济链

---

① (唐)孔颖达:《礼记正义》,上海古籍出版社2008年版,第1263—1264页。
② (唐)孔颖达:《礼记正义》,上海古籍出版社2008年版,第1264页。
③ 陈来:《古代宗教与伦理——儒家思想的根源》,生活·读书·新知三联书店1996年版,第207页。

条。重要节日中市场上出现的食物见表2－2所示：

表2－2　　《东京梦华录》岁时民俗部分中的节日食品①

十六日	市人卖玉梅、夜蛾、蜂儿、雪柳、菩提叶、科头圆子、拍头焦负馅。……都下卖鹌鹑骨饳儿、圆子、饳拍、白肠、水晶鲙、科头细粉、旋炒栗子、银杏、盐豉汤、鸡段、金橘、橄榄、龙眼、荔枝诸般市合，团团密摆，准备御前索唤
清明节	节日坊市卖稠饧、麦糕、乳酪、乳饼之类
四月"佛生日"	初尝青杏，乍荐樱桃，是月茄瓠初出上市，时果则御桃、李子、金杏、林檎之类
端午节物	百索、艾花、银样鼓儿、花花巧画扇、香糖果子、粽子、白团、紫苏、菖蒲、木瓜。皆茸切，以香药相和，用梅红匣子盛裹。自五月一日及端午前一日，卖桃、柳、葵花、蒲叶、佛道艾
六月	卖大小米水饭、灸肉、干脯、莴苣笋、芥辣瓜儿、义塘甜瓜、卫州白桃、南京金桃、水鹅梨、金杏、小瑶李子、红菱、沙角儿、药木瓜、水木瓜、冰雪凉水、荔枝膏、沙糖绿豆、水晶皂儿、黄冷团子、鸡头穰、冰雪、细料馉饳儿、麻饮鸡皮、细索凉粉、素签、成串熟林檎、脂麻团子、江豆砣儿、羊肉小馒头、龟儿沙馅之类
七夕	卖磨喝乐，以黄蜡铸为凫雁、鸳鸯、鸂鶒、龟鱼之类，彩画金缕，谓之"水上浮"；油面糖蜜造为笑靥儿，谓之"果食花样"；以绿豆、小豆、小麦于磁器内以水浸之，生芽数寸，以红、蓝彩缕束之，谓之"种生"
中元节	又卖转明菜花、花油饼、馂馅、沙馅之类
立秋	是月，瓜果梨枣方盛。京师枣有数品，灵枣、牙枣、青州枣、亳州枣。鸡头上市，则梁门里李和家最盛
秋社	以社糕、社酒相赍送。贵戚宫院以猪羊肉、腰子、奶房、肚肺、鸭饼、瓜姜之属，切作棋子片样，滋味调和，铺于饭上，谓之"社饭"
中秋	是时螯蟹新出，石榴、榅勃、梨枣、栗、孛萄、弄色枨橘，皆新上市
重阳	粉面蒸糕遗送，上插剪彩小旗，掺钉果实，如石榴子、栗子黄、银杏、松子肉之类。又以粉作狮子蛮王之状，置于糕上，谓之"狮蛮"

---

① 表2－2内容选自（宋）孟元老《东京梦华录》卷6至卷10，中州古籍出版社2010年版。

第二章　宋代笔记中的岁时民俗部分　　65

续表

立冬	京师地寒，冬月无蔬菜，上至宫禁，下及民间，一时收藏，以充一冬食用。时物有：姜豉、叶子、红丝、末脏、鹅梨、榅桲、蛤蜊、螃蟹
十二月	街市尽卖撒佛花、韭黄、生菜、兰芽、勃荷、胡桃、泽州饧。……诸大寺作浴佛会，并送七宝五味粥与门徒，谓之"腊八粥"。都人是日各家亦以果子杂料煮粥而食也

民以食为天，在生产力较为低下的远古社会，食物最初是用来果腹的，填饱肚子维持生命体能。随着生活经验的丰富，人们发现在特定时节食用某种食物还能预防疾病，于是食物果腹之余的另一个功能也出现了，即是预防乃至治疗疾病，助于身体健康。随着生活水平的提高，人们的饮食不局限于当季产出的果蔬等农作物，而是通过各种人为的方法，结合米粉面、各种干果、肉类等现存食材，制作成为更具特色，更加新颖的食物。比如，宋人在元宵节流行食用的焦䭔，是油炸后呈焦黄色的食品。《太平广记》卷二百三十四"尚食令"中记有油䭔的制作方法："要大台盘一只，木楔子三五十枚，及油铛炭火，好麻油一二斗，南枣烂面少许。……然后取油铛烂面等调停。袜肚中取出银盒一枚，银篦子、银笊篱各一，候油煎熟，于盒中取䭔子馅，以手于烂面中团之，五指间各有面透出，以篦子刮却，便置䭔子于铛中。候熟，以笊篱漉出，以新汲水中良久。却投油铛中，三五沸取出，抛台盘上，旋转不定，以太圆故也。其味脆美，不可名状。"①

陈元靓《岁时广记》卷十一"咬焦䭔"中记有："京师上元节食焦䭔最盛且久，又大者名柏头焦䭔。凡卖䭔必鸣鼓，谓之䭔鼓。每以竹架子出青伞，缀装梅红缕金小灯毯儿，竹架前后亦设灯笼，敲鼓应拍，团团转走，谓之打旋。罗列街巷，处处有之。"②

又如表2-3中所列七夕手工艺品"磨喝乐"，"乃小塑土偶耳，

---

① （宋）李昉等：《太平广记》卷二百三十四，中华书局1961年版，第1795页。
② （宋）陈元靓：《岁时广记》，中华书局1985年版，第116页。

悉以雕木彩装栏座，或用红纱碧笼，或饰以金珠牙翠，有一对直数千者"①。是风靡宋代的泥娃娃，造型一般为持荷童子。关于"磨喝乐"，有学者认为："宋代七夕节物磨喝乐（摩睺罗、摩侯罗），其音当来自于佛教中的大黑天摩诃歌罗，其祈子宜男之意应该源于佛教中的鬼子母信仰，其艺术表现形式当受佛教中的化生童子的影响。在另一层面上，这体现出佛教进入中国后世俗化的特点，要与现实人生相联系，儒家求子嗣尽孝道的伦理内容融合进了佛教文化中，体现出儒佛融合的趋势。"②

文中对妇女在特定节日中的活动也有相关描述，如：正月"向晚，贵家妇女纵赏关赌，入场观看，入市店饮宴，惯习成风，不相笑讶"。秋社时"妇女皆归外家，晚归，即外公姨舅皆以新葫芦儿、枣儿为遗，俗云'宜良外甥'"③。秋社那天，妇女回娘家，晚归，带回来娘家人送给小孩的吃食。

节日期间，除了特色食物的买卖，还有一些民间的集市赏玩活动，如元宵时彩灯映照，歌舞百戏、观者如堵的热闹场面，"开封府绞缚山棚，立木正对宣德楼，游人已集御街，两廊下奇术异能，歌舞百戏，鳞鳞相切，乐声嘈杂十余里……至正月七日，人使朝辞出门，灯山上彩，金碧相射，锦绣交辉"④。还有"六月六日崔府君生日，二十四日神保观神生日"中有"制造戏玩，如球杖、弹弓、弋射之具、鞍辔、衔勒、樊笼之类，悉皆精巧，作乐迎引至庙。教坊钧容直作乐，更互杂剧舞旋……自早呈拽百戏，如上竿、趯弄、跳索、相扑、鼓板小唱、斗鸡、说诨话、杂扮、商谜、合笙、乔筋骨、乔相扑、浪子杂剧、叫果子、学像生、倬刀、装鬼、砑鼓、牌棒、道术之类，色色有之，至暮呈拽不尽"⑤。

节日期间的饮食、手工、杂耍与百姓生活密切相关，显示出宋代

---

① （宋）孟元老：《东京梦华录》，中州古籍出版社2010年版，第151页
② 孙发成：《宋代的"磨喝乐"信仰及其形象》，《民俗研究》2014年第1期。
③ （宋）孟元老：《东京梦华录》，中州古籍出版社2010年版，第101、157页。
④ （宋）孟元老：《东京梦华录》，中州古籍出版社2010年版，第106页。
⑤ （宋）孟元老：《东京梦华录》，中州古籍出版社2010年版，第147—148页。

节日生活世俗的一面。

在整个岁时民俗部分,作者的叙述语言以俚俗为主,不以文饰。采用白描手法描绘节日中皇室出游的仪仗仪式以及民间百姓的集市活动,展现当时的热闹景象。但文中也有略具文采的部分,尤其体现在对美好景物的描写上,如春季"次第春容满野,暖律暄晴。万花争出粉墙,细柳斜笼绮陌。香轮暖辗,芳草如茵;骏骑骄嘶,杏花如绣。莺啼芳树,燕舞晴空。红妆按乐于宝榭层楼,白面行歌近画桥流水。举目则秋千巧笑,触处则蹴鞠疏狂。寻芳选胜,花絮时坠金樽;折翠簪红,蜂蝶暗随归骑"。季春之时,"是月季春,万花烂熳,牡丹、芍药、棣棠、木香,种种上市。卖花者以马头竹篮铺排,歌叫之声,清奇可听。晴帘静院,晓幕高楼,宿酒未醒,好梦初觉,闻之莫不新愁易感,幽恨悬生,最一时之佳况"。四月八日"迤逦时光昼永,气序清和。榴花院落,时闻求友之莺;细柳亭轩,乍见引雏之燕。"[①] 这些颇具文采的景物描写将春季的气候、动植物的状态,乃至人在季节中细腻的感受都生动地展现出来。

第二节 《梦粱录》中的岁时民俗部分

《梦粱录》,南宋吴自牧撰。吴自牧自序云:"昔人卧一炊顷,而平生事业扬历皆遍,及觉,则依然故吾,始知其为梦也,因谓之'黄粱梦'。矧时异事殊,城池苑囿之富,风俗人物之盛,焉保其常如畴昔哉!缅怀往事,殆犹梦也。名曰《梦粱录》云。倘有遗阙,识者幸改正之,毋哂。"由此可略明作书之旨意为缅怀追忆昔日繁华生活。此书学津讨原本吴郡南濠居士都穆跋云:"钱塘自宋南渡建都,其山川宫阙,衣冠礼乐,遂甲天下。而共时序土俗,坊宇游戏之事,多以细琐,不登史册。自牧生长于宋,目击其事,特为之纪述,则南宋虽

[①] (宋)孟元老:《东京梦华录》,中州古籍出版社2010年版,第118—119、142、145页。

偏安一隅，而承平气象，犹可因此想见，亦一快也。先自牧有孟元老者，著《梦华录》，备载汴京故事，此录续元老而作，殆合璧也。"①《四库全书总目提要》对《梦粱录》的评价为："是书全仿《东京梦华录》之体，所记南宋郊庙宫殿，下至百工杂戏之事，委曲琐屑，无不备载。然详于叙述，而拙于文采，俚词俗字，展笈纷如，又出《梦华录》之下。而观其自序，实非不解雅语者，毋乃信刘知几之说，欲如宋孝王《关东风俗传》，方言世语由此毕彰乎？要其措辞质实，与《武林旧事》详略互见，均可稽考遗闻，亦不必责以词藻也。"② 也有辑录者认为，"是录也，方言俚语杂出，古藻不逮《梦华》，然一伤过去，一悲未来，具有深心，双璧正合"。张凤池谓："读是书者，于以知有宋一代都邑繁华，后先同慨，宁第山川人物，足为地志之考证也欤。"③《梦粱录》无论在撰写意图还是撰写内容上都与《东京梦华录》有异曲同工之处，堪称遗梦双璧。

一 《梦粱录》作者及版本

1. 作者吴自牧

关于《梦粱录》的作者，除王士祯在《渔洋文略·梦粱录跋》中云：《梦粱录》二十卷，不著名氏。大部分藏书目录，如《天一阁书目》《千顷堂书目》《抱经堂文集》《四库全书总目》，都认为作者为吴自牧无疑。《四库全书总目》对王士祯的观点做出解释，"王士祯《渔洋文略》有是书跋，云：《梦粱录》二十卷，不著名氏，盖士祯所见钞本，又脱此序，故不知为自牧耳，今检《永乐大典》所引，条条皆题自牧之名，与此本相合，知非影附古书、伪标撰人姓氏矣"④。

关于吴自牧的生平介绍，最普遍的一种说法是"自牧，钱塘人，

---

① （宋）吴自牧：《梦粱录·序》，山东友谊出版社2001年版，第295页。
② （清）纪昀等：《四库全书总目》，中华书局1997年版，第968—969页。
③ （宋）吴自牧：《梦粱录》，山东友谊出版社2001年版，第296页。
④ （清）纪昀等：《四库全书总目》，中华书局1997年版，第969页。

第二章 宋代笔记中的岁时民俗部分

仕履未详"。但也就此戛然而止,未再作深入研究。仅有官桂铨于1985年在《学术研究》上发表的《吴自牧小考》一文以新查证的资料将吴自牧研究引入一个新层次,为后人了解吴自牧家世及其人提供了新的线索。官桂铨在藏书家徐𤊶的《红雨楼书目》卷四集部最后的"家集类"看到一条关于吴自牧的重要线索:"《新安吴氏倡于篇》一卷。唐吴少微、吴巩、宋吴自牧、自中。"① 官桂铨据此推断吴自牧为唐代文人吴少微的后裔,祖籍新安。吴氏一门的作品都集中在《新安吴氏倡于篇》中。但徐𤊶藏书在清初大多散佚,《新安吴氏倡于篇》也不见传本,所以也无法得到确切的资料证实。

关于吴少微的生平情况,《全唐文》《全唐诗》有所记载。《全唐诗》卷九十四对吴少微的记录为:"吴少微,新安人,举进士,累至晋阳尉,与富嘉谟同官。中兴初,以韦嗣立荐,拜右台御史,尝为并州长史张仁亶撰《进九鼎铭表》。集十卷,今存诗六首。"② 《全唐诗》中录有吴少微作品《长门怨》《和崔侍御日用游开化寺阁》《哭富嘉谟并序》《过汉故城》《古意》《怨歌行》。《全唐文纪事》卷三十八中云:"吴少微,东海人也,少负文华,与富嘉谟友善。少微进士及第,累授晋阳太原尉,拜御史。时嘉谟疾卒,为文哭之,其词曰:维三月癸丑,河南富嘉谟卒,于时寝疾于洛阳北里,闻之,投枕而起,泪沾乎衽席,匍匐于寝门之外,病不能起,仰天而呼曰:'天乎天乎,予曷所朋,曷有律,曷可得而见。'抑斯文也,以存乎哀。"③

《全唐诗》卷九十四对富嘉谟的介绍也表现出富、吴二人关系匪浅、感情深厚:"富嘉谟,雍州武功人,举进士,长安中累官晋阳尉,预修三教珠英。中兴初,历左台御史,与吴少微友善,属词并以经典为本,文体一变,号为富吴体,张说称其文如孤峰绝岸,壁立万仞,浓云郁兴,震雷俱发,诚可畏也,若施于廊庙,则骇矣。集十卷。今

---

① 官桂铨:《吴自牧小考》,《学术研究》1985年第3期。
② (清)彭定求:《全唐诗》,中华书局1960年版,第1011页。
③ (清)陈鸿墀:《全唐文纪事》卷三十八,中华书局1959年版,第494页。

存诗一首《明冰篇》。"①

从上述资料可知晓吴少微为唐新安人（今安徽歙县），进士出身，曾经担任晋阳尉，并州长史，与富嘉谟同官，二人都善属词，且文风相似，号为"富吴体"。吴少微生年不详，资料显示，应与富嘉谟卒于同一年即癸丑年，官桂铨定为706年。根据《梦粱录》撰写的内容以及序中所言，吴自牧的主要生活年代应是在南宋时期，与吴少微生活时代间隔了近五百年，所以很难从吴少微的在世情况直接推断出吴自牧的生平背景。因此对于吴自牧的生平考证尚有很大空间。

关于《梦粱录》的成书年代，吴自牧《梦粱录自序》云："缅怀往事殆犹梦也，故名《梦粱录》，末署甲戌岁中秋日。"甲戌为哪一年？《四库全书》云："考甲戌为宋度宗咸淳十年，其时宋尚未亡，不应先作是语，意甲戌字传写误欤。"②《抱经堂文集》则曰："序无纪元，而但书甲戌。若在咸淳，则故都尚无恙也。阅一甲子，则当在元顺帝时期。斯时元之为元，不犹夫宋之季世也哉？"③ 元顺帝甲戌年为1334年，南宋灭亡在1279年，吴自牧撰写《梦粱录》的时间若是在1334年，距离南宋灭国已经55年，假定吴自牧在南宋生活了20年，此时吴自牧应是七八十岁高龄了。

2.《梦粱录》版本

（1）足本：二十卷本

《梦粱录》的足本为二十卷本，学津堂原本、《四库全书》本、张凤池家所藏的《梦粱录》为二十卷本，有遵王钱氏跋，惠红豆先生印记，这一版本是从宋版抄录而来，"缘从宋版抄录，其漫漶处间有讹脱，思欲详校完善，卒卒未遑也"④。吴郡南濠居士都穆所收藏的《梦粱录》也为二十卷本，钱曾《读书敏求记》中所记，从毛斧季处抄录了多册秘书，包括《梦粱录》，但未标明册数。

---

① （清）彭定求：《全唐诗》，中华书局1960年版，第1011页。
② （清）纪昀等：《文渊阁四库全书》第590册，台湾商务印书馆1986年版，第13页。
③ （清）卢文弨：《抱经堂文集》，中华书局1990年版，第129页。
④ （宋）吴自牧：《梦粱录》，山东友谊出版社2001年版，第296页。

第二章　宋代笔记中的岁时民俗部分　　71

卢文弨《抱经堂文集》中收录的《梦粱录》是从苏州吴伊仲秀才处借得的二十卷，乃足本。

天一阁旧藏为明人杨循吉删本，《天一阁书目·史部》："《梦粱录》，红丝阑钞本。宋钱塘吴自牧撰。原书二十卷，此明人杨循吉删本也。"

（2）不足本：十卷本

不足本为十卷本，《浙江通志》所载为十卷本。

朱彝尊《曝书亭全集》中"梦粱录跋"如是说："曩从古林曹氏借抄《梦粱录》，系杨礼部南峰节文，止得十卷。后留京师，闻棠村梁氏有足本，其卷倍之，亟录而藏诸笥。"① 由此可知，朱彝尊所收的《梦粱录》最初也是十卷本，后才补为二十卷本。

现刊行于世的大多为二十卷本，本书所参考的也为二十卷本。

二　《梦粱录》中的岁时民俗部分

《梦粱录》卷一至卷六以月份时间为序，记录南宋皇室及都城临安民众的节日生活以及官方假日生活。共有48个标目，分别为：（1）正月；（2）元旦大朝会；（3）立春；（4）元宵；（5）车驾诣景灵宫孟飨；（6）二月；（7）八日祠山圣诞；（8）二月望；（9）三月（佑圣真君诞辰附）；（10）诸州府得解士人赴省闱；（11）荫补未仕官人赴铨；（12）清明；（13）诸库迎煮；（14）州府节制诸军春教；（15）二十八日东岳圣帝诞辰；（16）暮春；（17）四月；（18）皇太后圣节；（19）宰执亲王南班百官入内上寿赐宴；（20）皇帝初九日圣节；（21）僧寺结制；（22）五月（重午附）；（23）士人赴殿试唱名；（24）六月（崔真君诞辰附）；（25）七月（立秋附）；（26）七夕；（27）解制日（中元附）；（28）八月；（29）中秋；（30）解闱；（31）观潮；（32）九月（重九附）；（33）明禋年预教习车象；（34）明堂差五使执事官；（35）驾出宿斋殿；（36）五辂仪式；

---

①　（清）朱彝尊：《曝书亭全集》，吉林文史出版社2009年版，第534页。

(37) 差官鲅祭及清道；(38) 驾诣景灵宫仪仗；(39) 驾回太庙宿奉神主出室；(40) 驾宿明堂斋殿行禋祀礼；(41) 明禋礼成登门放赦；(42) 郊祀年驾宿青城端诚殿行郊祀礼；(43) 十月；(44) 立冬；(45) 孟冬行朝飨礼遇明禋岁行恭谢礼；(46) 十一月（冬至附）；(47) 十二月；(48) 除夜。

从体例上看，《梦粱录》岁时民俗部分以12个月份为主线，在对月份简单介绍之后，分列每月所包括的节气节日及活动见表2-3所示：

表2-3　　　　　　《梦粱录》中所录各月节日①

月份	内容
正月	元旦大朝会、立春、元宵、车驾诣景灵宫孟飨
二月	中和节、八日祠山圣诞、二月望
三月	三月三、诸州府得解士人赴省闱、荫补未仕官人赴铨、清明节、诸库迎煮、州府节制诸军春教、二十八日东岳圣帝诞辰、暮春
四月	皇太后圣节、宰执亲王南班百官入内上寿赐宴、皇帝初九日圣节、僧寺结制
五月	重午节、士人赴殿试唱名
六月	六月六日
七月	立秋、七夕、解制日
八月	秋社、中秋、解闱、观潮
九月	重九、明禋年预教习车象、明堂差五使执事官、驾出宿斋殿、五辂仪式、差官鲅祭及清道、驾诣景灵宫仪仗、驾回太庙宿奉神主出室、驾宿明堂斋殿行禋祀礼、明禋礼成登门放赦、郊祀年驾宿青城端诚殿行郊祀礼
十月	立冬、孟冬行朝飨礼遇明禋岁行恭谢礼
十一月	冬至
十二月	除夜

从表2-3的时间分布来看，南宋皇室的朝贺、祭祀、祝寿等活动集中在一月、四月、九月，传统节气节日较为均衡地分布在每个

---

① 表2-3内容选自（宋）吴自牧《梦粱录》卷一至卷六，山东友谊出版社2001年版。

第二章 宋代笔记中的岁时民俗部分

月,与科举相关的活动集中在三月和五月。

从内容来看,《梦粱录》岁时民俗部分有以下特点:

1. 临安与汴京的对比意识

作者在描写临安节日活动时不自觉地将之与汴京节日盛况相对比。如描绘临安元宵节的景况时首先却是对汴京元宵景象的追忆,"正月十五日元夕节,乃上元天官赐福之辰。昨汴京大内前缚山棚,对宣德楼,悉以彩结,山沓上皆画群仙故事,左右以五色彩结文殊、普贤,跨狮子白象,各手指内五道出水。其水用辘轳绞上灯棚高尖处,以木柜盛贮,逐时放下,如瀑布状。又以草缚成龙,用青幕遮草上,密置灯烛万盏,望之蜿蜒,如双龙飞走之状。上御宣德楼观灯,有牌曰'宣和与民同乐'。万姓观瞻,皆称万岁。今杭城元宵之际,州府设上元醮,诸狱修净狱道场,官放公私僦屋钱三日,以宽民力,舞队自去岁冬至日,便呈行放……"① 以"昨汴京……今杭城……"非常鲜明的有将二者对比之意。

又如"清明节"中,作者对民众出郊省坟后,在郊外或在湖边宴聚场景的描写,"宴于郊者,则就名园芳圃,奇花异木之处;宴于湖者,则彩舟画舫,款款撑驾,随处行乐。此日又有龙舟可观,都人不论贫富,倾城而出,笙歌鼎沸,鼓吹喧天,虽东京金明池未必如此之佳"②。也是将临安都人游湖的热闹繁华景象与汴京金明池相比较,虽然只有一句话,但作者这种将临安与汴梁比较的意识是非常明显的。

2.《梦粱录》内容及文字上对《东京梦华录》的借鉴

《梦粱录》是对南宋都城临安的追念之作,但无论在撰写意图还是撰写内容上都与《东京梦华录》颇有相似之处,在创作上对《东京梦华录》多有借鉴。《东京梦华录》岁时民俗部分中皇室祝寿、祭祀活动所占比例比较大,《梦粱录》也是如此,现以两部书中都出现的皇室祝寿仪式为例,将两者进行比较(见表2-4、表2-5):

---

① (宋)吴自牧:《梦粱录》,山东友谊出版社2001年版,第6页。
② (宋)吴自牧:《梦粱录》,山东友谊出版社2001年版,第21页。

表2-4　《东京梦华录》《梦粱录》所录皇室祝寿仪式对比之一①

《东京梦华录》	《梦粱录》
乐未作,集英殿山楼上教坊乐人效百禽鸣,内外肃然,止闻半空和鸣,若鸾凤翔集。 　　教坊乐部列于山楼下彩棚中,皆裹长脚幞头,随逐部服紫、绯、绿三色宽衫,黄义襕,镀金凹面腰带。前列拍板,十串一行。次一色画面琵琶五十面。次列箜篌两座,箜篌高三尺许,形如半边木梳,黑漆镂花金装画,下有台座,张二十五弦,一人跪而交手擘之。以次高架大鼓二面,彩画花地金龙,击鼓人背结宽袖,别套黄窄袖,垂结带,金裹鼓棒,两手高举互击,宛若流星。后有羯鼓两座,如寻常番鼓子,置之小桌子上,两手皆执杖击之,杖鼓应焉。次列铁石方响,明金彩画架子,双垂流苏。次列箫、笙、埙、篪、觱篥、龙笛之类,两旁对列杖鼓二百面,皆长幞头,紫绣抹额,背系紫宽衫,黄窄袖,结带黄义襕。诸杂剧色皆浑裹,各服本色紫、绯、绿宽衫,义襕镀金带。自殿陛对立,直至乐棚。每遇舞者入场,则排立者叉手,举左右肩,动足应拍,一齐群舞,谓之"援曲子"("援"字仍回反)。	乐未作,殿前山棚彩结飞龙舞凤之形,教乐所人员等效学百禽鸣,内外肃然,止闻半空和鸣,鸾凤翔集。 　　教乐所乐部例于山楼上彩棚中,皆裹长脚幞头,随乐部色服紫绯绿三色宽衫,黄义襕,镀金凹面腰带。前列拍板,次画面琵琶。又列箜篌两座,高三尺许,形如半边木梳,黑漆镂花金装画台座,张二十五弦,一人跪而交手擘之。次高架画花地金龙大鼓二面,击鼓人皆结宽袖,别套黄窄袖,垂结带,金裹鼓棒两条,高低互击,宛若流星。后有羯鼓,如寻常番鼓子,置之小桌上,两手皆执杖击之。次中间列铁石方响,用明金彩画架子,双垂流苏。次列箫、笙、埙、篪、觱篥、龙笛之类,两旁对列。杖鼓皆长脚幞头、紫绣抹额,皆系紫宽袍、黄窄袖、结带、黄义襕。诸杂剧色皆浑裹,各服本紫、绯、绿宽衫,义襕,镀金带。自殿陛对立,直至乐棚。每遇供舞戏,则排立叉手,举左右肩,动足应拍,一齐群舞,谓之"援曲子"

　　两部书在这一段的描述中,教坊乐部人员服饰的款式、颜色完全一致,使用的乐器名称、乐器排放位置、乐器形状、杂剧演员的服饰、颜色也完全一致,甚至在文字表述上也几近相同。在接下来的进盏部分,程序及具体内容上两部书所记60%都是完全一致的。

---

① 表2-4内容引自(宋)孟元老《东京梦华录》,中州古籍出版社2010年版,第163页;(宋)吴自牧《梦粱录》,山东友谊出版社2001年版,第29—30页。

第二章　宋代笔记中的岁时民俗部分

表2-5　《东京梦华录》《梦粱录》所录皇室祝寿仪式对比之二[①]

《东京梦华录》	《梦粱录》
第一盏，御酒，歌板色一名，唱中腔一遍讫。先笙与箫笛各一管和，又一遍，众乐齐举，独闻歌者之声。宰臣酒，乐部起倾杯。百官酒，三台舞旋，多是雷中庆。其余乐人舞者，诨裹宽衫，唯中庆有官，故展裹。舞曲破撷前一遍。舞者入场，至歇拍，续一人入场，对舞数拍。前舞者退，独后舞者终其曲，谓之"舞末"	第一盏进御酒，歌板色一名唱中腔一遍讫，先笙与箫笛各一管和之，又一遍，众乐齐和，独闻歌者之声。宰臣酒.乐部起倾杯。百官酒，三台舞旋，多是诨裹宽衫，舞曲破撷，前一遍，舞者入，至歇拍，续一人入，对舞数拍，前舞者退，独后舞者终其曲，谓之"舞末"
第二盏，御酒，歌板色，唱如前。宰臣酒，慢曲子。百官酒，三台舞如前	第二盏再进御酒，歌板色唱和如前式。宰臣慢曲子，百官舞三台
第三盏，左右军百戏入场，一时呈拽……凡御宴至第三盏，方有下酒肉，咸豉爆肉、双下驼峰角子	第三盏进御酒，宰执百官酒如前仪……凡御宴至第三盏方进下酒咸豉，双下驼峰角子
第四盏，如上仪……下酒，楂炙子骨头、索粉、白肉胡饼	第四盏进御酒……下酒杯：禽子骨头、索粉、白肉、胡饼
第五盏，御酒，独弹琵琶。宰臣酒，独打方响	第五盏进御酒，琵琶色长上殿奏喏，独弹玉琵琶……宰臣酒，方响[五]色长上殿奏喏，独打玉方响
第六盏，御酒，笙起慢曲子。宰臣酒，慢曲子。百官酒，三台舞，左右军筑球	第六盏再坐，斟御酒，笙起慢曲子。宰臣酒，龙笛起慢曲子。百官酒，舞三台，蹴球人争胜负
第七盏，御酒，慢曲子。宰臣酒，皆慢曲子。百官酒，三台舞讫……下酒，排炊羊、胡饼、炙金肠	第七盏进御酒，筝色长上殿奏喏，七宝筝独弹，宣赐谢恩……宰臣酒，慢曲子。百官酒，舞三台。参军色作语。……下酒供排炊羊、胡饼、炙金肠

[①] 表2-5内容引自（宋）孟元老《东京梦华录》，中州古籍出版社2010年版，第163—166页；（宋）吴自牧《梦粱录》，山东友谊出版社2001年版，第30—32页。

续表

《东京梦华录》	《梦粱录》
第八盏，御酒，歌板色，一名唱《踏歌》。宰臣酒，慢曲子。百官酒，三台舞，合曲破舞旋。下酒，假沙鱼、独下馒头、肚羹。	第八盏进御酒，歌板色长唱《踏歌》。宰臣酒，慢曲子。百官酒，舞三台。众乐作合曲破舞旋。下酒，供假沙鱼、独下馒头、肚羹。
第九盏，御酒，慢曲子。宰臣酒，慢曲子。百官酒，三台舞。曲如前。左右军相扑下酒，水饭，簇钉下饭。驾兴	第九盏进御酒，宰臣酒，并慢曲子。百官舞三台。左右军即内等子相扑。下酒，供水饭，簇钉下饭。宴罢，群臣下殿，谢恩退

如表2-5所示，宴会开宴后总共九盏酒，两书所记录的每一盏酒所进的曲子、舞蹈、下酒菜几乎一致。

这种现象同样存在于"预教习车象"中，现将两书所记录的"预教习车象"中的部分列表2-6如下：

表2-6 《东京梦华录》《梦粱录》所录皇室祝寿仪式对比之三[①]

《东京梦华录》	《梦粱录》
遇大礼年，预于两月前教车象。自宣德门至南薰门外，往来一遭，车五乘，以代五辂。轻重每车上置旗二口，鼓一面，驾以四马。挟车卫士，皆紫衫帽子。车前数人击鞭。象七头，前列朱旗数十面，铜锣鼙鼓十数面。先击锣二下，鼓急应三下。执旗人紫衫、帽子。每一象则一人裹交脚幞头紫衫人跨其颈，手执短柄铜镢，尖其刃，象有不驯，击之。象至宣德楼前，团转行步数遭成列，使之面北而拜，亦能唱喏	预于两月前教习车象。其间每日往来，历试于太庙前，至丽正门，回车辂院句一次。若仅阅车，每车须用铁千斤压之。如郊禋之岁，以车五乘教习。正谓"辂马仪车五色轮，双扶彩稳擎云。遥知帝势巍巍重，精铁应须压万斤"。其明禋年，止一车以代玉辂。仪注，车上置青旗二面，鼓一面，驾以数马，挟车卫士皆紫衫帽子。车前数人，击鞭行车，前列朱旗数十面，铜锣鼙鼓十数面，执旗鼓人，俱服紫衫帽子。后以大象二头，每一象用一人，裹交脚幞头，紫衫，跨象颈而驭，手执短柄银镢，尖其刃，象有不驯者击之。至太庙前及丽正门前，用镢使其围转，行步数遭，成列；令其拜，亦令其如鸣喏之势

[①] 表2-6内容引自（宋）孟元老《东京梦华录》，中州古籍出版社2010年版，第176页；（宋）吴自牧《梦粱录》，山东友谊出版社2001年版，第49页。

第二章 宋代笔记中的岁时民俗部分

两部书中描绘的车队的仪仗，车象的装饰，驯象人的服饰、动作也是基本一致，在"驾出宿大庆殿"中一系列仪仗，百官的服饰、头冠的描绘，"喝探兵士"的过程与《东京梦华录》中"车驾宿大庆殿"也是完全一致。对于这种情况，笔者只能推测南宋迁都至临安后，有些政策性的规定如宫廷出行的仪式、宫廷宴会各个环节的程序等还是继续沿袭着，所以《梦粱录》中所记录的官方节庆活动与《东京梦华录》中所记录的几乎没有不同。此外吴自牧在序言中也表述过，称《梦粱录》对《东京梦华录》有所借鉴。这种借鉴在这一部分表现得尤为突出，如果说两宋官方政策性的内容可能没有太大变化，但两部书在这一部分的文字表述也别无二致，连各类人服饰的款式颜色、下酒菜品、对问答的描绘也几乎一致，至少从这一部分来看，《梦粱录》对《东京梦华录》有直接的文字上的借鉴。或有一种可能即是二书此部分都是借鉴史书资料，并非本人亲身经历。

但《梦粱录》关于皇室活动的描写穿插着许多按语，对一些皇室器物及活动做详细的解释，这是《东京梦华录》所没有的。如"五辂仪式"中，对玉、金、象、木、革五辂都做出相应的解释：

"玉辂，按《周礼春官》：'巾车。掌王之玉辂，锡繁（音盘）缨十有再就，建太常十有二旒以祀。'康成注曰：'玉辂，以玉饰诸末。'""《周礼》巾车职篇曰：'金辂，钩繁缨九就。'康成注曰：'金辂，以金饰辂。'制以'五凤升龙间火珠，黄衣黄弁驾黄车，画轮金辂旗裳裹，铃响螭头震九衢。''象辂，朱繁缨七就。'康成注曰：'象辂，以象饰辂。'制以'铜叶金涂灿有光，贴牙樌轼坐龙床，赤号六驾繁缨七，旗绣红罗鸟集翔。''革辂，龙勒条缨五就。'康成注曰：'革辂，挽之以革，而漆之无他饰。'制以'赤白飞铜六驾驰，联翩龙虎浅黄旗，革挽漆制条缨五，戎弁宽裁对凤衣。''木辂，前繁鹄缨建大麾。'康成注曰：'木辂，不挽，以革漆之，前读为锱剪之剪。浅黑。'制以'凤衔铃珮响交加,御座华裀织百花,十六金龙齐夹毂,皂罗麾上绣龟蛇。'"①

"驾诣景灵宫仪仗"中对仪仗中的"糯稍"的解释:

按《开元礼志》曰:"金吾将军,执糯稍以察队伍,去其非违。形如剑而三刃,以虎豹皮为袋盛之。其制始于秦、汉。《尔雅》云:糯稍,牛抵触,百兽不敢当。故制牛首于上。"正谓"虎剑囊封似剑形,刻成牛首兽皆惊。后先卤簿彰威德,纠察非违孰敢撄。"②

对"罼(毕密切)罩(呼案切)"的解释:

按,徐妥《释疑》曰:"乘舆黄麾内,左罼右罩,以朱藤结网二,螭首,红丝拂。盖罼方罩圆,取毕昴二星象。"又云:"天文毕昴之中,谓之天街,故以罼罩前导也。"③

对"方伞、曲盖、朱圆扇"的解释:

按张帛避雨谓之伞,赤质紫表,正方四角,有铜螭头。其曲盖者,武王时大风折柄,太公用之而制曲绣团。朱扇,按,汉制,乘舆用也。④

3. 临安的科举及军事活动

由于北宋南宋地域环境以及国内外政治环境不同,具体的节日种

---

① (宋)吴自牧:《梦粱录》,山东友谊出版社2001年版,第53—54页。
② (宋)吴自牧:《梦粱录》,山东友谊出版社2001年版,第56页。
③ (宋)吴自牧:《梦粱录》,山东友谊出版社2001年版,第56页。
④ (宋)吴自牧:《梦粱录》,山东友谊出版社2001年版,第56页。

类及官方节日政策也不尽相同。有一些在《梦粱录》岁时部中出现，但《东京梦华录》中并没有明确记载的节日内容，如定期举行的军事阅兵、科举。节日游赏活动也因地域环境的改变而发生了变化，如杭州西有湖光可爱，东有江潮堪观，都人自然多了一些景观娱乐，四月的观潮盛景也是北宋汴京没有的景象。下面对文中涉及的科举、军事方面的内容一一分析。

在隋唐科举制的基础上，宋代科举考试进一步完善。宋代的科举考试实行糊名誊录，比唐代的科举考试更加公正客观，更加注重考生的学识和文采。《梦粱录》中有四个标目"解闱""诸州府得解士人赴省闱""士人赴殿试唱名""荫补未仕官人赴铨"涉及南宋不同级别的科举考试，对南宋科举考试中的应试者、应试科目、应试过程有详细描绘，为我们了解南宋科举情况提供了重要参考资料。科举考试有不同的级别，"解闱"描述的是在诸州郡举行的选拔考试，每三年举行一次，"诸州府得解士人赴省闱"，叙述的是举进士考试，"士人赴殿试唱名"描绘的是通过考试的进士进入殿试。

诸州县举行的"解闱"，是宋代科举考试最低的一级，士人功名皆自此发轫，于秋季八月十五日放试，文中指明了考试的时间、地点以及平均下来每个州的名额数。亲朋为参试者送上"黄甲头魁鸡"，以祝愿考生榜上有名，民众也认识到这次考试对仕途的重要性。

举进士考试时间为春季三月上旬，由朝廷礼部主持，预试者为通过诸州郡考试的人才，"诸州府郡得解士人，并三学舍生得解生员，诸路运司得解士人，有官人及武举得解者……诸州郡诸路寓试试得待补士人"。考官及工作人员为"知贡举、监试、主文考试等官，并差监大中门宫诸司、弥封、誊录等官"考试内容为"正日本经，次日论，第三日策"。从考试内容可以看出南宋的科举考试不仅重视经典的传承，还注重培养考生对事物的看法、见解，注重书本知识与社会实践相结合。考试过程为"知贡举、监试、主文，并戴羞帽，穿执乘驭，同诸考试等官，迎引下贡院，然后锁院，择日放试……试日已定，隔宿于贡院前赁房待试，就看坐图……预试人照合试日分集于贡院竹门之外，伺候开门放试。士人各入院内，依座位分廊占坐讫，知贡举等官于厅前备香案，穿秉而拜，诸士人皆答拜，方下帘幕，出示题目于厅额。题中有疑难处，听士人就帘外上请，主文于帘中详答之讫，则各就位作文，随手上卷。至晡后开门，放士人出院，纳卷于中门外，书知姓氏，试卷入柜而出"①。考试过程中有八厢太保巡廊事，检查应试者是否挟带书籍、暗中传授或请人代笔，等等。考试结束后，且于每卷上打号头，要弥封卷头，不要试官知士人姓名。南宋科举考试的程序已经非常完备。

"士人赴殿试唱名"描绘的是通过进士考试的学员进入殿试，时间定在五月，考试题目由"宣押知制诰、详定、考试等官赴学士院锁院，命御策题，然后宣押赴殿"。考试时"士人诣集英殿起居，就殿庑赐坐引试，依图分庑坐定，各赐印刊策题，其士人止许带文房及卷子，余皆不许挟带文集。士人入东华门，各行搜检身内有无绣体私文，方行放入。午则赐食与士人，其砚水之类，皆殿直祗直供办，午后纳卷而出"。这是科举应试中最高级别的考试。定夺三魁后，皇帝亲自接见三魁，并授职于三魁，"第一名状元及第，第二名榜眼，第三名探花。其状元官授承事郎，职除上郡签判；榜眼授承奉郎，探花授承务郎，职注中郡或下郡签判"。"以下第一甲举人赐进士及第，第二甲赐进士出身，第三至第五甲并赐同进士出身。"最后作者感叹道："于此可见士子读书之贵，而朝家待士之厚，不可不知也。故书以记，为士者察之。"②

"荫补未仕官人赴铨"则是对一群特殊人群的选拔，时间定在三月上旬，是"文武官荫授子弟、宗子荫补者"，并赴铨闱就试出官。宋代规定文武官员、内外名妇达到一定资格者，可以按规定奏亲属（弟侄子孙）或异姓入仕。他们在出任官职前也需要通过考试选拔，南宋时每年举行一次，此即为"荫补"。

南宋科举制度是相对公平的人才选拔制度，朝廷对于科举选拔的

---

① （宋）吴自牧：《梦粱录》，山东友谊出版社2001年版，第17页。
② （宋）吴自牧：《梦粱录》，山东友谊出版社2001年版，第37—38页。

第二章 宋代笔记中的岁时民俗部分

人才也相当重视,所以在当时读书之风盛行,以读书为贵。

南宋除了延续北宋重视文人的国策,同时由于面临强大的军事威胁以及心怀恢复故土的愿望,也格外注意保存并增强本国的军事实力。这在《梦粱录》中也有所体现,如"州府节制诸军春教"中描绘临安州府春季阅兵的景象,春季阅兵以备"起发防秋"。"浙西路钤辖并节制诸军统制等官属,带领各部军马,诣教场伺候教阅,鸣锣击鼓,试炮放烟,诸军排阵,作迎敌之势。将佐呈比体挑战之风,试弩射弓,打球走马,武艺呈中,赏犒有差,军卒劳绩,给以钱帛。"① 这类似于早期的军事演习,虽然有游戏的成分,但固定下来成为习惯,可使军备时刻保持警戒状态。

4. 休假及社会福利

南宋官方对传统节气节日非常重视,并规定了特定节气节日的休假时间以及社会福利。这是对北宋政策的延续,在宋代历史资料中多有显现,在《梦粱录》中也可见一斑。在《梦粱录》中,明确提到在节日发放福利的有以下几处:

> 正月朔日,谓之元旦,俗呼为新年。一岁节序,此为之首。官放公私僦屋钱三日,士夫皆交相贺,细民男女亦皆鲜衣,往来拜节。②

> 今杭城元宵之际,州府设上元醮,诸狱修净狱道场,官放公私僦屋钱三日,以宽民力,舞队自去岁冬至日,便呈行放。③

> (四月)上旬之内,车驾诣景灵宫,行孟夏礼,驾过处,公私僦舍,官放三日。④

> 立冬日,朝廷差官祀神州地祇、天神太乙。十五日,水官解厄之日,宫观士庶,设斋建醮,或解厄,或荐亡。立冬之后,如

---

① (宋)吴自牧:《梦粱录》,山东友谊出版社2001年版,第23页。
② (宋)吴自牧:《梦粱录》,山东友谊出版社2001年版,第1页。
③ (宋)吴自牧:《梦粱录》,山东友谊出版社2001年版,第1、6页。
④ (宋)吴自牧:《梦粱录》,山东友谊出版社2001年版,第27页。

遇瑞雪应序，朝廷支给雪寒钱关会二十万，以赐军民。官放公私赁钱五七十，以示优恤。①

十一月仲冬，正当小雪、大雪气候。大抵杭都风俗，举行典礼，四方则之为师，最是冬至岁节，士庶所重，如馈送节仪，及举杯相庆，祭享宗禋，加于常节……此日宰臣以下，行朝贺礼。士夫庶人，互相为庆。太庙行荐黍之典，朝廷命宰执祀于圜丘。官放公私僦金三日。车驾诣攒宫朝享。②

季冬之月，正居小寒、大寒时候，若此月雨雪连绵，以细民不易，朝廷赐关会，给散军民赁钱，公私放免不征。③

在元旦、元宵、立冬、仲冬等节日节气，南宋官方都会免公私房租三日，以示体恤民情。官方对特定节气或特殊日期的介入行为，既表现出对百姓生活的体恤之意，也影响民众对这些特殊日子的态度。不可否认，官方对某些节日的发展起到某种导向作用。

5. 语言特点

《东京梦华录》对节日活动的描写所使用的语言较为口语化，俗俚语使用较多，不论对皇室出行还是对市井节日活动的描写都较为简洁。《梦粱录》的语言更多为书面语，尤其是对景物的描写，如"四月"中，对初夏景象的描写：四月谓之初夏，气序清和，昼长人倦，荷钱新铸，榴火将燃，飞燕引雏，黄莺求友，正宜凉亭水阁，围棋投壶，吟诗度曲，佳宾劝酬，以赏一时之景。④ 短短一句话，将初夏昼长夜短的气象、荷叶、榴花的生长，燕子黄莺的活跃，人们在此季的娱乐宴赏活动描绘出来。此外，平白的描述中穿插大量诗句，诗句是对景物的一种浓缩，既可展现出宏大富丽的场景，也使文章富于文采。如"观潮"下引用了大量诗句，有白乐天《咏潮》、苏东坡《咏

---

① （宋）吴自牧：《梦粱录》，山东友谊出版社 2001 年版，第 71 页。
② （宋）吴自牧：《梦粱录》，山东友谊出版社 2001 年版，第 74—75 页。
③ （宋）吴自牧：《梦粱录》，山东友谊出版社 2001 年版，第 75 页。
④ （宋）吴自牧：《梦粱录》，山东友谊出版社 2001 年版，第 27 页。

中秋观夜潮》、林和靖《咏秋江》、无名氏的《看弄潮诗》等。

总体而言,《梦粱录》岁时民俗部分,也是更多的注重对皇室及士大夫阶层节日活动的描绘,卷一至卷六的岁时民俗部分共有标目48条,其中记录皇室朝廷活动如祭祀、科举考试、皇室生日方面的内容有25条。传统节气节日如"正月""元宵""清明""五月重五""七夕""中秋""重阳""立冬""除夜"则主要描绘普通民众在节日中的食物、节物,集市买卖活动,如"(杭都风俗)自初一日至端午日,家家买桃、柳、葵、榴、蒲叶、伏道,又并市茭、粽、五色水团、时果、五色瘟纸,当门供养。……以艾与百草缚成天师,悬于门额上,或悬虎头白泽"。腊月则"盐猪羊等肉,或作腊豝、法鱼之类,过夏皆无损坏"。"二十四日,不以穷富,皆备蔬食饧豆祀灶……二十五日,士庶家煮赤豆粥祀食神。"① 在文中不论是皇室贵族还是士大夫或是普通民众都是作为一个群体,一个阶层来描写。

第三节 《武林旧事》中的岁时民俗部分

《武林旧事》十卷,南宋周密撰。周密于宋亡以后在元朝统治下,回忆南宋旧事而作《武林旧事》,他在序中如是说:"乾道、淳熙间,三朝授受,两宫奉亲,古昔无所。一时声名文物之盛,号'小元祐'。丰亨豫大,至宝祐、景定,则几于政、宣矣。予曩于故家遗老得其梗概,及客修脩门闲,闻退珰老监谈先朝旧事,辄耳谛听,如小儿观优,终日夕不少倦。既而曳裾贵邸,耳目益广,朝歌暮嬉,酣玩岁月,意谓人生正复若此,初不省承平乐事为难遇也。及时移物换,忧患飘零,追想昔游,殆如梦寐,而感慨系之矣。岁时檀栾,酒酣耳热,时为小儿女戏道一二,未必不反以为夸言欺我也。每欲萃为一编,如吕荣阳《杂记》而加详,孟元老《梦华》而近雅,病忘惰惰,

---

① (宋)吴自牧:《梦粱录》,山东友谊出版社2001年版,第36、75页。

未能成书。世故纷来,惧终于不暇记载,因撮大概,杂然书之。青灯永夜,时一展卷,恍然类昨日事,而一时朋游沦落,如晨星霜叶,而余亦老矣。噫,盛衰无常,年运既往,后之览者,能不兴忾我寤叹之悲乎!"①

《四库全书总目》誉之为"目睹耳闻,最为真确"②。此书与吴自牧的《梦粱录》并称,同为杭州地方文献掌故的重要书籍。《武林旧事》岁时民俗描写集中在卷一至卷三。卷一主要描述皇室在特殊日期的出行及庆典,卷二卷三主要描述临安民众在一年四季节气节日中的玩赏活动。

一 作者版本简介

1. 周密生卒年、家世、著述

周密字公谨,号草窗,又号萧斋,祖先是南人,曾祖父随宋室南渡,寓居湖州。湖州因有苕水、余不水、前溪水、北流水四水,四水也就成了湖州的别称。周密生于湖州,故用"四水潜夫"作为别号。弁山坐落在湖州西北,是湖州的标志性地域之一,"弁阳老人"也是周密的别号之一。周密在南宋淳祐年间曾做过义乌知县,南宋亡国以后,隐居不仕。著作除《武林旧事》外,还有《齐东野语》20卷,《癸辛杂识》前集1卷、后集1卷、续集2卷、别集2卷,《蜡屐集》(已散佚),《澄怀录》《草窗词》2卷等。

关于周密的生平,周密在《齐东野语》中如是说:"余世为齐人,居历山下,或居华不注之阳。五世祖同州府君而上,种学绩文,代有闻人。曾大父扈跸南来,受高皇帝特知,遍历三院,经跻中司。泰、禧之间,大父从属车,外大父掌帝制,朝野之故,耳闻目接,岁编日纪,可信不诬。我先君博极群书,习闻台阁旧事,每对客语,音吐洪畅,缅缅不得休,坐人倾耸敬叹,知为故家文献也。余龆侍膝下,窃剽绪余,已有叙次。尝疑某事与世俗之言殊,某事与国史之论异。

---

① (宋)周密:《武林旧事·序》,山东友谊出版社2001年版。
② (清)纪昀等:《四库全书总目》,中华书局1997年版,第969页。

第二章 宋代笔记中的岁时民俗部分

他日，过庭质之，先子出曾大父、大父手泽数十大帙示之曰：'某事然也。'又出外大父日录及诸老杂书示之曰：'某事与若祖所记同然也。其世俗之言殊，传讹也；国史之论异，私意也。小子识之。'又曰：'定、哀多微词，有所辟也；牛、李有异议，有所党也。爱憎一衰，论议乃公。国史凡几修，是非凡几易，而吾家乘不可删也。小子识之。'洊遭多故，遗编巨帙，愁皆散亡。老病日至，忽忽漫不省忆为大恨。闲居追念一二于十百，惧复坠逸为先人羞。乃参之史传诸书，博以近闻脞说，务事之实，不计言之野也。异时展余卷者，噱曰：'野哉言乎！子真齐人也。'余对曰：'客知言哉！余故齐，欲不齐不可。虽然，余何言哉？何言，亦言也，无所言也，无所不言，乌乎言？'客大笑，吾因以名其书。"①这篇序言表达了周密撰写《齐东野语》的初衷，以及该书命名的缘由。从中也可略知周密为书香望族，其先祖为济南人。曾大父及外大父都身居要职，博极群书，有独立记录时事的习惯，而周密自小耳濡目染，继承家学，这是他著书的初衷之一。

具体而言，周密家世"六世祖讳芳，隐居历山。熙宁间以孝廉征，不就，赐光禄少卿。五世祖讳孝恭，吏部郎中，知同州，赠殿中监。高祖讳位，赠太中大夫。曾大父讳秘，御史中丞，赠少卿。随跸南来，始居吴兴。大父讳珌，刑部侍郎，赠少傅。先君讳晋，知汀州。妣章氏宜人，参政文庄公良能女"②。《杂识》中"大父廉俭"条对周密祖父品性有如此记载："大父少傅素廉俭，侨居吴兴城西之铁佛寺，既又移寓天圣佛刹寺者几二十年。杜门萧然，未尝有毛发至官府。时杨伯子长孺守湖，尝投谒造门，至不容五马车。伯子下车顾问曰：'此岂侍郎后门乎？'为之歆叹而去。"③《齐东野语》对周密外祖父及母亲做如此介绍，"外大父文庄章公，自少好雅洁，性滑稽；居

---

① （宋）周密：《齐东野语》"序"，上海古籍出版社2012年版。
② （清）纪昀等：《文渊阁四库全书》，第815册，台湾商务印书馆1986年版，第142页。
③ （宋）周密：《癸辛杂识》，中华书局1988年版，第90页。

一室必汛扫巧饰，陈列琴书。亲朋或讥其龌龊无远志。一日，大书素屏云：'陈蕃不事一室，而欲扫除天下，吾知其无能为矣！'识者知其不凡……间作小词，极有思致。先妣能口诵数阕，《小重山》云：'柳暗花明春事深，小阑红，芍药已抽簪。雨余风软碎鸣禽。迟迟日，犹带一分阴。把酒莫沉吟，身闲无个事，且登临。旧游无处不堪寻，无寻处、唯有少年心。'"① 不仅草窗的外祖父是雅洁之士，他的母亲也是颇解翰墨的。

2.《武林旧事》版本

现有资料显示，《武林旧事》有六卷本、十卷本、十一卷本三种卷本。现已知《武林旧事》最早版本为元刻本，但已亡佚。

（1）六卷本

明正德年间的宋廷佐刊本为六卷本。《宋氏武林旧事跋》中有录："杭郡地卑隘，不可以国。宋高宗南播，乐其湖山之秀，物产之美，遂建都焉，传五帝，享国百二十有余年，虽曰偏安，其制度礼文，犹足以仿佛东京之盛。可恨者当时之君臣，忘君父之雠，而沉醉于湖山之乐，竟使中原不复，九庙为墟。数百载之下，读此书者，不能不为之兴叹。书凡六卷，四水潜夫辑。潜夫亦不知为谁。其纪武林之事，较他书为备，因命工刊置郡库，俾博雅者有考焉。武林，杭郡名。正德戊寅孟夏，巡按浙江监察御史奉天宋廷佐跋。"② 明嘉靖间杭郡守陈柯也翻刻宋廷佐的六卷本。

（2）十卷本的存书情况

元代忻厚德跋文曰："《武林旧事》乃弁阳老人草窗周公谨所集也。刊本止第六卷。山村仇先生所藏本，终十卷，后归西河莫氏家。余就假于莫氏，因手钞成全书，以识岁月，藏于家塾。"③ 元代已经有十卷本，但元刻本已经亡佚。

钱曾《读书敏求记一则》："《武林旧事》流俗本止六卷，予从元

---

① （宋）周密：《齐东野语》，上海古籍出版社 2012 年版，第 172—173 页。
② （宋）周密：《武林旧事》，山东友谊出版社 2001 年版，第 192 页。
③ （宋）周密：《武林旧事》，山东友谊出版社 2001 年版，第 194 页。

人钞仇先生所藏,录得后四卷。乾淳奉亲之事,今昔所无,阅之不胜惋叹。后过吴门书肆,又购得一本,校此添补数则,并录入四水潜夫前序一篇,此书始无遗憾矣。"①

《四库全书》中录有《武林旧事》十卷。《四库全书总目》中录有:"明人所刻,往往随意刊除,或仅六卷,或不足六卷,惟存故都宫殿、教坊乐部诸门,殊失著书之本旨。此十卷之本,乃从毛氏汲古阁元版传抄,首尾完具,其间逸文轶事,皆可以备参稽。而湖山歌舞,靡丽纷华,著其盛,正著其所以衰,遗老故臣恻恻兴亡之隐,实曲寄于言外。不仅作风俗记都邑簿也。第十卷末棋待诏以下,以是书体例推之,当在六卷之末。疑传写或乱其旧第,然无可考证,今亦姑仍之焉。"②

鲍廷博知不足斋本:此册得之红豆山房惠氏,即《读书敏求记》所谓元人传自仇山村家足本也。自序一篇,声情绵邈,凄然有故国旧君之思,不仅流连今昔而已。而旧刻遗之,失其旨矣。爰就明时宋、陈两刻,参校以传,不唯为艺苑增一佳本,亦以慰作者于百世之上也。③

(3) 十一卷本

陈继儒《宝颜堂秘笈》本将《武林旧事》分为《前武林旧事》与《后武林旧事》。将《前武林旧事》六卷收在广集第十六集,将《后武林旧事》五卷收在第十七集,共11卷。

澹生堂祁氏本跋中说:"自明正德间宋廷佐刊置郡庠本,又嘉靖间杭郡守陈柯翻刻本,止前六卷。海盐姚士麟续刻后五卷,目曰《后武林旧事》;五卷者,即就原本后四卷内析出一卷为五卷也。"瓶花斋吴氏本跋中说:"《后武林旧事》之第一卷'棋侍诏'以下,原接前第六卷'诸色伎艺人'之下。自传钞既失,而《秘笈》刊本误别为

---

① (宋)周密:《武林旧事》,山东友谊出版社2001年版,第193页。
② (清)纪昀等:《四库全书总目》,中华书局1997年版,第969页。
③ (宋)周密:《武林旧事》,山东友谊出版社2001年版,第195页。

一卷，与前隔断。微汲古旧本，几不见原书矣。"①

黄丕烈在《荛圃藏书题识》中说："昨岁大除，往五柳居晤之主人，以新收全部《秘笈》对，即从之借《武林旧事》归，自一至六，题曰《前武林旧事》，未载留跋，所据亦宋廷佐本也。其续刊者别标《后武林旧事》，分卷一至五，末附弘治人跋。其书起'棋待诏'以下为一卷，以'乾淳奉亲'之事起至末为二、三、四、五卷。余玩鲍丛书跋，知'棋待诏'云云即卷六文而佚之者，因志其《秘笈》卷第如此。"②

由上述资料可知，《武林旧事》十一卷本分为《前武林旧事》六卷和《后武林旧事》五卷，《后武林旧事》中第一卷实为《武林旧事》十卷本第六卷的内容，但因传抄原因，误别为一卷。十一卷本与十卷本内容上是相同的，乃十卷本传写之误。本章选用十卷本。

二 《武林旧事》中的岁时民俗部分

十卷本《武林旧事》中的岁时民俗描写主要集中在卷一至卷三。这三卷描绘南宋皇室及都城临安百姓在一年四季节气节日中的活动，大致依春夏秋冬四季时序，以节日活动内容为标目，共有38个标目，卷一：1. 庆寿册宝；2. 四孟驾出；3. 大礼南郊明堂；4. 登门肆赦（未标）；5. 恭谢；6. 圣节。卷二：7. 御教；8. 御教仪卫次第；9. 燕射；10. 公主下降；11. 唱名；12. 元正；13. 立春；14. 元夕；15. 舞队；16. 灯品；17. 挑菜；18. 进茶；19. 赏花。卷三：20. 西湖游幸（都人游赏）；21. 放春；22. 社会；23. 祭扫；24. 浴佛；25. 迎新；26. 端午；27. 禁中纳凉；28. 都人避暑；29. 乞巧；30. 中元；31. 中秋；32. 观潮；33. 重九；34. 开炉；35. 冬至；36. 赏雪；37. 岁除；38. 岁晚节物。这一部分内容表现出笔记体一以贯之的纪实风格，同时在表述方面也有侧重点和独特之处，不仅具有一定的文学性，对宋代民俗研究也具有重要的史料价值。下文将从

---

① （宋）周密：《武林旧事》，山东友谊出版社2001年版，第194—195页。
② （清）黄丕烈：《黄丕烈藏书题跋集》，上海古籍出版社2013年版，第146页。

内容和表述形式两方面对其进行分析。

从活动参与者角度，可将《武林旧事》中的岁时民俗活动分为皇室活动和民众活动，或者是皇室和民众共同参与的活动，见表2-7所示：

表2-7　　　《武林旧事》皇室活动与民众活动分类①

皇室活动	民众活动	共同活动
庆寿册宝、四孟驾出、大礼南郊明堂、登门肆赦、恭谢、圣节、御教、御教仪卫次第、公主下降、唱名、元正、挑菜、进茶、赏花、禁中纳凉、赏雪	社会、祭扫、浴佛、都人避暑、乞巧、中元	元夕、端午、中秋、观潮、重九、冬至（十一月）、岁除

1. 官方活动

从活动主体来看，卷一卷二主要描绘皇室在特定时间里的活动，如"庆寿册宝""圣节"，描绘皇室成员生日时宫廷的祝寿仪式以及百姓同乐的盛况。"四孟驾出""大礼""登门肆赦""恭谢"描绘官府祭祀的一系列仪式。"御教"主要描绘皇帝阅兵的过程。"燕射"则是描绘皇室射箭的一系列仪式。作者细致地描绘了这些官方活动的各种浩大场面、肃穆的仪式以展示皇室的显赫。但南宋此时国力已是今非昔比，如元旦冬至大朝会仪中描绘百官朝贺的情景，"百官冠冕朝服，备法驾，设黄麾仗三千三百五十人（视东京已减三之一）"。作者在追忆南宋时仍试图描绘国家繁荣昌盛的一面，但比起东京的繁华，落寞之感尤生。"御教"和"唱名"是对南宋军事及科举活动的描绘，"御教"主要描绘皇帝阅兵的过程，据"御教"所言："寿皇留意武事，在位凡五大阅（乾道二年、四年、六年，淳熙四年、十年）。或幸白石，或幸茅滩，或幸龙山。一时仪文士马、戈甲旌旗之盛，虽各不同，今撮其要，以著于此。"② 乾道及淳熙年都是宋孝宗赵昚在位的年号，此处"寿皇"应是指宋孝宗赵昚。阅兵是显示国家军

---

① 表2-7内容引自（宋）周密《武林旧事》卷一至卷三，山东友谊出版社2001年版。

② （宋）周密：《武林旧事》，山东友谊出版社2001年版，第35、26页。

事实力的机会，同时也是一个国家重视军备的象征。《梦粱录》中也有关于阅军的记录，这都显示出南宋政府自身面临着强大的军事威胁以及心怀恢复故土的愿望时，格外注意保存并增强本国的军事实力。相对于《梦粱录》设立四个标目详细描述当时各个层级的应试过程，《武林旧事》关于科举的描述相对简单，仅在"唱名"中描绘了入殿试宣布考试结果的情形，以及众人欢庆的场面。但都表现出南宋人对于科举取士的重视，以及南宋社会通过读书获取功名利禄的社会风气。

2. 民众活动

民众在节日中的特色活动以及特色饮食、节物大都与北宋东都一脉相承，如"都人避暑"中描绘六月六日崔府君诞辰日，"都人士女，骈集炷香，已而登舟泛湖，为避暑之游"。而崔府君诞辰"自东都时庙食已盛"。乞巧节时，"多尚果食、茜鸡。及泥孩儿号'摩侯罗'，有极精巧，饰以金珠者，其直不资。并以蜡印凫雁水禽之类，浮之水上……小儿女多衣荷叶半臂，手持荷叶，效颦摩睺罗"。这一系列活动也"大抵皆中原旧俗也"。因《东京梦华录》中也记有七夕时市场买卖磨喝乐，以及孩童头顶荷叶，模仿"磨喝乐"造型等节日事项。南宋七夕此项习俗应是沿袭北宋。腊月二十四日，"谓之'交年'，祀灶用花饧米饵，及烧替代及作糖豆粥，谓之'口数'。市井迎儺，以锣鼓遍至人家乞求利市"。除夕夜"小儿女终夕博戏不寐，谓之'守岁'。又明灯床下，谓之'照虚耗'。及帖天行帖儿财门于楣。祀先之礼，则或昏或晓，各有不同。如饮屠苏、百事吉、胶牙饧，烧术卖懵等事，率多东都之遗风焉"。[①] 这些都显示北方节日活动习俗被带入南方，并随着环境的改变相应地发生一些变化。

3. 介绍灯品

孟元老在《东京梦华录》以及吴自牧在《梦粱录》中介绍元宵节时都是描绘民众观灯的盛大热闹场面，并未详细解说各类灯品。

---

① （宋）周密：《武林旧事》，山东友谊出版社2001年版，第52—53、58页。

《武林旧事》中不仅对元宵节中各式灯品有详细介绍,还专设一节介绍灯品。最为引人注目的灯品有三种:苏灯、福州灯、新安"无骨灯"。元宵节中的灯"每以'苏灯'为最,圈片大者径三四尺,皆五色琉璃所成,山水人物,花竹翎毛,种种奇妙,俨然著色便面也。其后福州所进,则纯用白玉,晃耀夺目,如清冰玉壶,爽彻心目。近岁新安所进益奇,虽圈骨悉皆琉璃所为,号'无骨灯'。禁中尝令作琉璃灯山,其高五丈,人物皆用机关活动,结大彩楼贮之。又于殿堂梁栋窗户间为涌壁,作诸色故事,龙凤噀水,蜿蜒如生,遂为诸灯之冠"。在"灯品"一节中,介绍了"无骨灯"的制作方法,"用绢囊贮粟为胎,因之烧缀,及成去粟,则混然玻璃球也"。还介绍了魫灯、珠子灯、羊皮灯、罗帛灯。"魫灯,则刻镂金珀(宋刻,'犀珀')玳瑁以饰之。珠子灯则以五色珠为网,下垂流苏,或为龙船、凤辇、楼台故事。羊皮灯则镞镂精巧,五色妆染,如影戏之法。罗帛灯之类尤多,或为百花,或细眼,间以红白,号'万眼罗'者,此种最奇。"[①]这些细致的描绘,说明灯品的制作在当时已经达到较高的水准,且受到民众的喜爱,成为元夕必不可少的玩赏之物。

4. 景物描写

《武林旧事》节日生活描写中值得关注的一点是南宋皇室及都城民众对自然景观的关注,如"赏花"中详细描绘了春季宫廷内所设的专供皇室赏花的花堂,"起自梅堂赏梅,芳春堂赏杏花,桃源观桃,粲锦堂金林檎,照妆亭海棠,兰亭修禊,至于钟美堂赏大花为极盛。堂前三面,皆以花石为台三层,各植名品,标以象牌,覆以碧幕。台后分植玉绣球数百株,俨如镂玉屏。堂内左右各列三层,雕花彩槛,护以彩色牡丹画衣,间列碾玉水晶金壶及大食玻璃官窑等瓶,各簪奇品,如姚魏、御衣黄、照殿红之类几千朵,别以银箔间贴大斛,分种数千百窠,分列四面"。"西湖游幸"则描绘了春季风和日丽时皇室以及都城民众游赏西湖的场景。"赏雪"中描绘皇室冬季赏雪的情景,

---

① (宋)周密:《武林旧事》,山东友谊出版社2001年版,第36、41—42页。

"后苑进大小雪狮儿,并以金铃彩缕为饰,且作雪花、雪灯、雪山之类,及滴酥为花及诸事件,并以金盆盛进,以供赏玩"。① 还有每月既望至十八日观潮的盛景。《东京梦华录》和《梦粱录》中也有对景物的描写,但景物只是作为节日活动的一个背景,并没有被作为节日观赏活动的主要对象加以描绘。如果说在节气节日中应该有与常日不同的休闲放松状态,那么在日常生活中,关注季节气候的变化,自觉将其作为审美对象:一方面说明出现了特色鲜明的景物现象,如西湖美景、钱塘江的浪潮;另一方面说明民众文化素养及审美情趣达到了新的层次。当然描写对象的选择也取决于作者本人的文化素养及审美情趣。

5. 诗句引用

与《东京梦华录》和《梦粱录》类似,《武林旧事》岁时民俗部分主要也是以平实的描绘为主,但作者在文中也引用了大量的诗句,是对各种繁盛景象诗性的表达,也凸显出作者的文人身份。其中有不少是作者本人的诗句。现将所引诗句列如下:

"庆寿册宝"中所引杨诚斋诗:"长乐宫前望翠华,玉皇来贺太皇家。青天白日仍飞雪,错认东风转柳花。""春色何须羯鼓催,君王元日领春回。牡丹芍药蔷薇朵,都向千官帽上开。"任斯庵诗:"金爵觚棱晓日开,三朝喜气一时回。圣人先御红鸾扇,天子龙舆万骑来。""霜晓君王出问安,宝香随辇护朝寒。五云深处三宫宴,九奏声中二圣欢。"②

"大礼(南郊明堂)"引用弁阳老人诗:"黄道宫罗瑞脑香,衮龙升降佩锵锵。大安辇奏乾安曲,万点明星簇紫皇。"又曰:"万骑云从簇锦围,内官排办(立)马如飞。九重阊阖开清晓,太母登楼望驾归。"李鹤田诗云:"严更频报夜何其,万甲声传远近随。栀子灯前红炯炯,大安辇上赴坛时。"③

---

① (宋)周密:《武林旧事》,山东友谊出版社2001年版,第44、56页。
② (宋)周密:《武林旧事》,山东友谊出版社2001年版,第2页。
③ (宋)周密:《武林旧事》,山东友谊出版社2001年版,第11页。

第二章　宋代笔记中的岁时民俗部分

"登门肆赦引"中引弁阳翁诗:"换辇登门卷御帘,侍中承制舍人宣。凤书乍脱金鸡口,一派欢声下九天。"①

"恭谢"中引姜白石诗云:"六军文武浩如云,花簇头冠样样新,惟有至尊浑不戴,尽将春色赐群臣。""万数簪花满御街,圣人先自景灵回。不知后面花多少,但见红云冉冉来。"②

元夕中对元夕时夜晚的灯市的描绘,引姜白石诗云:"灯已阑珊月色(气)寒,舞儿往往夜深还。只应不尽婆娑意,更向街心弄影看。"又云:"南陌东城尽舞儿,画金刺绣满罗衣。也知爱惜春游夜,舞落银蟾不肯归。"吴梦窗《玉楼春》云:"茸茸狸帽遮梅额,金蝉罗翦胡衫窄。乘肩争看小腰身,倦态强随间鼓笛。问称家在城东陌,欲买千斤应不惜。归来困顿骎春眠,犹梦婆娑斜趁拍。"③

对五色琉璃灯的描绘,引白云诗,"沙河云合无行处,惆怅来游路已迷。却入静坊灯火空,门门相似列蛾眉。"又云:"游人归后天街静,坊陌人家未闭门。帘里垂灯照樽俎,坐中嬉笑觉春温。"白石诗云:"珠珞琉璃到地垂,凤头衔(御)带玉交杖。君王不赏无人进,天竺堂深夜雨时。"④

对食物的描写,白石亦有诗云:"贵客钩帘看御街,市中珍品一时来。帘前花架无行路,不得金钱不肯回。"⑤

"西湖游幸"中对西湖美景的描绘,引用弁阳老人的词,"看画船尽入西泠,闲却半湖春色。"张武子诗,"帖帖平湖印晚天,踏歌游女(赏)锦相牵,都城半掩人争路,犹有胡琴落后船。"黄洪诗:"龙舟太半没西湖,此是先皇节俭图。三十六年安静里,棹歌一曲在康衢。"⑥

---

① (宋)周密:《武林旧事》,山东友谊出版社2001年版,第15页。
② (宋)周密:《武林旧事》,山东友谊出版社2001年版,第17页。
③ (宋)周密:《武林旧事》,山东友谊出版社2001年版,第37页。
④ (宋)周密:《武林旧事》,山东友谊出版社2001年版,第38—39页。
⑤ (宋)周密:《武林旧事》,山东友谊出版社2001年版,第39页。
⑥ (宋)周密:《武林旧事》,山东友谊出版社2001年版,第47页。

"祭扫"中引诗云:"莫把青青都折尽,明朝更有出城人。"①

"观潮"中引杨诚斋诗云:"海涌银为郭,江横玉系腰。"②

"岁除节物"中引杨守斋《一枝春》,"爆竹惊春,竞喧阗,夜起千门箫鼓,流苏帐暖;翠鼎缓腾香雾,停杯未举,奈刚要,送年新句,应自赏,歌字清圆,未夸上林莺语。从他岁穷日暮,纵闲愁怎减,阮宋刻作'刘'郎风度,屠苏办了,迤逦柳饮(宋刻作'忻')梅妒,宫壶未晓,早骄马,绣车盈路,还又把,月夕花朝,自今细数"③。

大量诗句的引用,使得岁时民俗描写俗中有雅,既表现出节日活动的热闹场面又能体现作者的学识修养。大量节日诗句的出现也显示特定的节日意象和节日期待已经形成较为理性的审美意识渗透在中国古代文人的头脑中。

这三部作品都是宋代遗老们追忆故都之作,《东京梦华录》是孟元老在靖康之变、北宋政府南迁后对故都开封繁华生活的追忆,《梦粱录》和《武林旧事》则是吴自牧和周密在南宋灭亡后对都城临安的追忆。三部书的自序也非常清晰地表达了追忆故国的写作意图。在经历了繁华的盛世、纷飞的战火、朝代的更替、君主的易位后,作者力图再现故都的各种风俗,或为满足人年老时对往昔岁月的怀旧情绪,或为文化传承的责任感使然,试图为子孙后代留下可供考证的资料。作者对记忆中的故都生活的描绘具有浓厚的感情色彩,倾向于呈现繁华的太平盛世的景象。

由此,这几部笔记中的岁时民俗记录呈现出与月令文献截然不同的书写模式即个人回忆模式,从一个较为普通的社会成员的视角回忆往昔的节日生活。如果说月令文献的书写某种程度上呈现节气节日的神圣性和制约性,那么笔记中的岁时民俗书写更多地呈现节气节日的世俗性和狂欢性。这种书写模式有以下几个特点:

---

① (宋)周密:《武林旧事》,山东友谊出版社2001年版,第49页。
② (宋)周密:《武林旧事》,山东友谊出版社2001年版,第54页。
③ (宋)周密:《武林旧事》,山东友谊出版社2001年版,第58页。

第二章　宋代笔记中的岁时民俗部分

第一，梦幻中的现实性。三部著作不是对作者当下岁时生活的记录而是对往昔岁时生活的回忆。文中记录的节日节庆活动可能都是真实的，但由于主观意识上是再现故都的繁盛景象，所以描写对象是有选择性的。如三部著作的岁时民俗部分都以皇室节日庆典活动为主要描述对象，并大肆笔墨地描绘了皇室节日活动的各种仪式，活动参与人员的外貌服饰。此外，对民众节日赏游活动，以及节日集市的描绘也呈现出一幅太平盛世的景象。

第二，凸显宋代的时代地域特色。宋代尤其是南宋是一个注重经济发展的时代，普通民众的节日生活表现出明显的娱乐、消费色彩。三个文本主要集中对北宋都城汴京和南宋都城临安的节日生活描绘，再现当时汴京和临安的城市空间和城市景观，节日集市的繁荣，民众对节日赏游活动的热衷。此外，文中描绘大量宋代官方节日活动，以及官方的祭祀、科举、军事方面的仪式活动。如《梦粱录》几乎将科举的考试、阅卷、放榜的整个过程都展现出来，说明南宋社会对科举考试的重视。通过这部分内容可以更为全面地了解宋代社会政治文化情况。

第三，语言通俗而典雅。整体而言，这三部笔记不论对皇室仪式活动的描写，或是对于节日集市的描绘所使用的语言都是通俗直白少文饰。但同时，由于几位作者都能书善写，属于当时士的阶层，因此在记录中尤其是对自然景象的描写也颇显文采，喜引用诗句。

第三章

宋代类书中的岁时民俗部分

钟敬文先生曾将中国传统的民俗著述分为两大类型，其一是编者自己对民俗的记录，其二是类书性质的，即汇辑别人的记录而成的，后一类形式较为多见。①

类书是采撷群书，辑录各门类或某一门类的资料，随类相从而加以编排，便于寻检、征引的一种工具书。张涤华先生关于类书的看法是"凡荟萃成言，衷次故实，兼收众籍，不主一家，而区以部类，条分件系，利寻检、资采掇，以待应时取给者，皆是也"②。潘耒在《古今类传岁时部》序中说："自欧阳询率更有《艺文类聚》，虞永兴有《北堂书钞》，而类书始行于世，其后踵而为者滋多，如聚百药于笼唯医师之所用，列五兵于库唯勇夫之所操，于纂言家固甚便也，无如编辑者难得通人罕能持择，谰言长语陈陈相因，令人易生厌倦，识者病之……此非家藏万卷之书，目有千行之敏，弃绝人事为之十数年而能精详若是乎？"③ 这说明类书的编写广博且繁杂，非学识渊博之人不能担此重任。

类书囊括内容广泛，包括诗文、辞藻、人物、典故、天文、地理、典章、制度、飞禽、走兽、草木、虫鱼以及其他的许多事物，被称为中国的百科全书。我国类书的编纂，始于三国时期魏文帝曹丕组

---

① 钟敬文：《钟敬文文集（民俗学卷）》，安徽教育出版社2002年版，第493页。
② 张涤华：《类书流别》，商务印书馆1985年版，第4页。
③ （清）董谷士、董炳文编：《古今类传岁时部》，浙江巡抚采进本。

织编纂《皇览》。此后，经过隋代的《北堂书钞》，唐高祖时的《艺文类聚》，唐太宗时的《文思博要》，武则天时的《海内珠英》等，类书编纂逐渐形成一个传统。

类书的编纂在宋代有了很大发展，这几百年的时间里出现大量官修类书和私人撰写的类书。太宗太平兴国二年（977）命李昉、扈蒙、李穆等人把前代的《修文殿御览》《艺文类聚》《文思博要》和其他各书，分门编为1000卷，即为《太平总类》。此书于太平兴国八年（983）完成，因太宗日览三卷，所以改名为《太平御览》。与此同时编纂的还有《太平广记》，此书由编纂《太平御览》的原班人马，将汉至宋初的野史、传记、小说等杂编成为500卷，于太平兴国三年（978）成书。景德二年（1005）真宗命王钦若、杨亿等从各史书中择录历代名臣事迹，辑成《册府元龟》1000卷。

宋代私人撰写的类书数量也非常丰富，如王应麟编纂的《玉海》，此书二百卷，分二十一部，每部各有子目，多收录有关典章制度的文献，是一部可与官修类书《太平御览》《太平广记》《册府元龟》媲美的私人编纂类书。王应麟还撰有《小学绀珠》十卷，分17类，是一部提供常识的小型类书。其他尚有阙名的《锦绣万花谷》、祝穆的《事文类聚》、章俊卿的《山堂考索》、谢维新的《古今合璧事类备要》、林駉的《源流至论》、吴淑的《事类赋》、高承的《事物纪原》、孔传的《后六帖》等，这些都是宋代较著名的类书。《锦绣万花谷》分前集、后集、续集各四十卷，内容虽不免琐碎、芜杂，体例也不尽善，然而所采多失传之书，保存了不少宋代的故事。《事文类聚》有前集60卷，后集50卷，续集28卷，别集32卷，大致仿照《艺文类聚》《初学记》的体例，辑录事实、诗文，每集各分总部，部有细目。《山堂考索》有前集66卷，后集65卷；续集56卷，别集25卷，分门别类采辑事实、掌故，能以己意考证。《古今合璧事类备要》亦分前集、后集、续集、别集、外集，共366卷，编辑逸事诗文，保存了不少宋朝的遗事佚诗。《源流至论》也有前、后、续、别各集，共40卷，是专为科举而编的类书。《事类赋》三十卷，分十四部，一百子目，用赋体概括故事，并注明出处，加以解释。《事物纪原》十卷，分五十五部，列举有关各种事物起源的典故。《后六帖》三十卷，也叫《续六帖》《孔氏六帖》，为增补唐白居易孔传《白孔六帖》而作。

　　古代的官修类书，主要是供皇帝阅览有关治乱兴衰、君臣得失的事迹，以此为施政借鉴。但这类书籍，还具备其他方面的用处。如宋代科举取士盛行，考试日益正规化，而科举考试又促使士人们博观广取，以备临试之用，抄录古书，分类排比以储积资料，也成为一种普遍的需要。因此，除去供皇帝阅览之外，类书也为文士作文提供了典故、辞藻。

　　自隋唐开始官修类书就专设岁时部。设有岁时部的宋代类书有：李昉等《太平御览》卷十六至卷三十五为时序部；孔传《白孔六帖》卷三、卷四叙四时；吴淑《事类赋注》卷四岁时部；高承《事物纪原》卷八有"岁时风俗部"；叶庭珪《海录碎事》卷二天部；无名氏《锦绣万花谷》前集卷三、卷四记录岁时民俗典故；祝穆《事文类聚》前集卷六至卷十二为"天时部"；谢维新《古今合璧事类备要》前集卷十为"岁时门"，前集卷十一为"气候门"，前集卷十三、卷十四为"时令门"，前集卷十五至卷十八为节序门。其中，除了《太平御览》是官修外，其余类书都为私人撰写。

第一节 《太平御览》中的岁时民俗部分

　　《太平御览》是一部奉旨编纂的官修类书，初名《太平总类》，又被称为《太平总览》《太平类编》《太平编类》。据王应麟《玉海》卷五十四所述，《太平御览》的编撰开始于太平兴国二年三月十七日，清本完成于太平兴国八年十二月十九日，历时六年零九个多月。初名《太平总类》，在清本将要完成的前夕，太宗为了夸示自己的好学，命每天进呈三卷，以备"乙夜之览"，才诏改为今名。参与编纂的，初为李昉、扈蒙、李穆、汤悦、徐铉、张洎、李克勤、宋白、徐用宾、陈鄂、吴淑、舒雅、吕文仲和阮思道,后来李克勤、徐用宾和阮思道被调任别项差使,另以赵隣几、王克贞和董淳补其缺,前后都是十四个人。其中李昉、扈蒙都是领衔编撰的。

一 《太平御览》时序部

《太平御览》卷十六至卷三十五为时序部,有条目四十五条,依照内容可分为以下几类:

天象物候类:律、历、五行、四时、闰、岁、岁除;

季节节气类:春上、春中、春下、立春、春分、夏上、夏中、夏下、立夏、夏至、秋上、秋下、立秋、秋分、冬上、冬下、立冬、冬至;

人文节日类:元日、人日、正月十五、晦日、中和节、社、寒食、三月三、五月五、伏日、七月七、七月十五、九月九、腊、小岁;

气候农事类:热、寒、丰稔、凶荒、旱。

在《太平御览》之前已经有一些类书包含有较为系统的岁时民俗内容,如隋代杜公瞻的《玉烛宝典》,唐徐坚撰的《初学记》,唐虞世南的《北堂书钞》。

《玉烛宝典》是一部时令类专著,以四季为标题,每个季节分为孟仲季三块,因此全书共十二个标目,每个标目为一卷,共十二卷。卷一:正月孟春第一;卷二:二月仲春第二;卷三:三月季春第三;卷四:四月孟夏第四;卷五:五月仲夏第五;卷六:六月季夏第六;卷七:七月孟秋第七;卷八:八月仲秋第八;卷九:阙;卷十:十月孟冬第十;卷十一:十一月仲冬第十一;卷十二:十二月季冬第十二。

唐代徐坚撰写的《初学记》卷三、卷四为岁时部。卷三以春夏秋冬四季为标题,分为春第一、夏第二、秋第三、冬第四;卷四以节日节气为标题,分为元日、人日、正月十五、月晦、寒食、三月三、五月五、伏日、七月七、七月十五、九月九、冬至、腊、岁除，共十四个标目。

唐代虞世南撰写的《北堂书钞》卷一五三至卷一五六为岁时部。岁时部一主要以天象为标题，分为物、律、历、五行、岁、闰六篇；岁时部二以季节为标题，分为春、夏、秋、冬四篇；岁时部三以节日节气为标题，分为元正、祖、蜡腊、伏、膢、小岁会、三月三、五月五、七月七、九月九、春分、秋分、夏至十三篇；岁时部四主要以物候为标题，分为寒、热、丰稔、凶荒四篇，附加冬至。

唐代欧阳询撰写的《艺文类聚》卷三至卷五为岁时部。卷三以季节为标题，分为春、夏、秋、冬四个部分；卷四以人文节日为标题，包含有元正、人日、正月十五、月晦、寒食、三月三、五月五、七月七、七月十五、九月九。卷五主要以天文物候为标题，包含有社、伏、热、寒、腊、律、历。

从体例上来说，《太平御览》时序部与虞世南的《北堂书钞》岁时部最为接近，大致分为天象物候、季节节气、节日三大部分。但《太平御览》对季节的划分更为细致，包含内容更丰富。

《太平御览》卷十六至卷三十五为时序部，有标题45条，据内容大致可分为前文所述的三大类。《太平御览》引用文献丰富且引用内容完整。引用文献或是对标题概念内涵加以说明，或对与标题相关的特色活动进行描绘并对其起源进行梳理，对我们了解与岁时相关的概念、节日活动具有重要的参考价值。

如天象物候类中的几个标目：律、历、五行、四时、闰、岁，都是首先通过征引一系列文献阐述概念定义、概念来源，以及与概念相关的事件。

如标目"律"下，引用文献从内容上可分为：
（1）指明"律"的由来及发展

《吕氏春秋》曰：黄帝命伶伦作为律。伶伦自大夏之西乃之阮隃之阴山，取竹于嶰谷，以生空窍厚均者，断两节间长三

第三章 宋代类书中的岁时民俗部分

寸九分而吹之,以为十二筒,听凤鸣,以别十二律,其雄鸣为六,雌鸣亦六。故曰,黄钟之宫,律之本也。凤有雌雄,故律有阴阳。①

《书》曰:肆觐东后,协时月正日,同律度量衡。又曰:帝曰:夔!命汝典乐,教胄子。诗言志,歌永言,声依永,律和声。声谓五声:宫商角徵羽,律谓六律、六吕,十二月之音气,言当依声律以和乐。八音克谐,无相夺伦,伦,理也,八音能谐,理不错夺,则神人咸和,命夔使勉之。又曰:予欲闻六律、五声八音,在治忽,以出纳五言,汝听。孔昏言,欲以六律和声音,察天下治理及忽怠者,又以出纳仁义礼智信五德之言,汝当听审之也。②

又《京房传》曰:房字君明,东都顿丘人,好钟律,知音声,房本姓李,推律自定为京氏。又曰:夫五音生于本姓,分为十二律,转生六十二律,皆所以纪升气效物类也。天效以影,地效以响,响即律也。阴阳和则影至,以律气应则灰除。是故天子常以冬夏至御前殿,合八能之士,陈八音、听乐均、度晷影、候钟律、权土灰、校阴阳。冬至阳气应则均清,景长极,黄钟通,土灰轻而衡仰。夏至阴气应则均浊,景短极,蕤宾通,土灰重而衡低。进退于先后五日之中,八音能各以候状闻,太史合封上,效则和,否则占,候气之法,为室三重,户开,涂衅必周,密布缇幔。室中以木为案,每律各一,内庳外高,从其加律,其上以葭莩灰抑其内端,案历而候之,气至者灰去。其为气所动者,其灰散;风所动者,其灰聚。殿中候用玉律十二,唯二至乃候灵台,用竹律六十。又曰:凡律度量衡用铜,铜为物也精,不为燥湿寒暑变其节,不为风雨曝露改其形,介然有常,有似士君子之行,是以用铜也。用竹为引者,事之宜也。又曰:至治之世,

---

① (宋)李昉等:《太平御览》,中华书局1985年版,第79页。
② (宋)李昉等:《太平御览》,中华书局1985年版,第79页。

天地之气，合以生风，天地之风气定十二律。①

(2) 说明"律"的含义

《尔雅》曰：律谓之分，郭璞注曰：律管可以分气者也。②
《易是类谋》曰：圣人兴起不知姓名，当吹律听声以别其姓，律者六律也……《春秋元命苞》曰：律之为言率也，所以率气令达也，率，犹导也。③

(3) 说明"律"的作用，凸显"律"的人文意义

《左传》曰：六律、七音、八风、九歌，以相成也。清浊、大小、长短、疾徐、哀乐、刚柔、迟速、高下、出入、周疏、以相济也。君子听之，以平其心……《孝经援神契》曰：圣王吹律有姓。④

夏侯玄《辩乐论》曰：阮生云："律吕协，则阴阳和；音声适，则万物类。天下无乐而欲阴阳和调，灾害不生，亦以难矣。"此言律吕音声，非徒化治人物，乃可以调和阴阳，荡除灾害也。夫天地定位，刚弱相摩，盈虚有时，尧遭九年之水，忧民阻饥，汤遭七年之旱，欲迁其社。岂律吕不和，音声不通哉？此乃天然之数，非人道所招也。⑤

(4) 与"律"相关的人和事

《汉书·张苍传》曰：苍乃自秦时为柱下御史，明习天下图

---

① （宋）李昉等：《太平御览》，中华书局1985年版，第79—80页。
② （宋）李昉等：《太平御览》，中华书局1985年版，第79页。
③ （宋）李昉等：《太平御览》，中华书局1985年版，第79页。
④ （宋）李昉等：《太平御览》，中华书局1985年版，第79页。
⑤ （宋）李昉等：《太平御览》，中华书局1985年版，第82页。

第三章 宋代类书中的岁时民俗部分

书计籍，又善用算律历，故令苍以列侯居相府，领王郡国上计。又曰：张苍代灌婴为丞相，汉兴二十余年，天下定，公卿皆军吏，苍为计吏，时正绪律历，故汉家言律历者法张苍。苍好书，无所不通，而尤邃律历。邃，深。①

王隐《晋书》曰：荀勖以魏杜夔所制律吕，检校太乐总章，鼓吹八音，与律吕乖错。始知后汉至魏，度渐长于古四分余，而夔依为律吕，故致不韵不和，部佐著作郎刘恭依周礼制尺，所谓古尺也。依古尺作新律吕，以调声韵，以律量黍，以尺度古器，皆与本铭尺寸无差。又故冢得古玉律，钟声亦与新律暗合，遂班下太常，使太乐总章鼓吹清商施用。勖遂典知乐事……《晋诸公赞》曰：世祖时以荀勖所造律班示朝臣，散骑侍郎阮咸唱议，谓勖所造声高，必由古今尺有长短所致，然勖亦依案经典笮而制之，又求古器得周时玉律比校正同。荀勖奏曰："中所出御府铜竹律二十五具，部太常乐郎正刘秀等校试，其三具与杜夔、左延年法同，其二十二具视其铭题尺寸，是笛律也。"问协律中郎将列和云："昔魏明帝时，令和丞受笛声，以作此律，欲使学者别居一坊，歌咏讲习，依此律调至于都合乐时，但识其尺寸之名，则丝竹歌皆得均合。歌声浊者用长笛长律，歌声清者用短笛短律。凡弦歌调张清浊之制，不依笛寸尺名之，则不可知也。"②

标目"春上""春中""春下"中引用的都是与春相关的内容，大概只是因为内容繁多，为篇幅均衡，而分为上、中、下三部分，引用内容与春季的上、中、下旬并无逻辑关系。类似地，夏上、夏中、夏下，秋上、秋下，冬上、冬下的分类也是同样的道理，因涉及材料的容量过大而将其分为若干部分。

《太平御览》引用文献丰富，且引用段落完整，在一个标目之下，相关引用文献基本按照时代先后顺序排列，对于人文节日的标目而

---

① （宋）李昉等：《太平御览》，中华书局1985年版，第79页。
② （宋）李昉等：《太平御览》，中华书局1985年版，第80页。

言，这种文献排列方式有利于人们清晰地认识节日的渊源发展。例如：

人日

《荆楚岁时记》曰：正月七日为人日，董勋《问礼俗》曰：正月一日为鸡，二日为狗，三日为猪，四日为羊，五日为牛，六日为马，七日为人，以七种菜为羹，剪彩为人，或镂金薄为人以贴屏风，亦戴之头发。董勋《问礼俗》云：人入新年，形容改从新，又造华胜相遗，起于晋代，见贾充李夫人《典戒》云："像瑞图金胜之形"，又取像西王母戴胜也，旧以正月七日为人故名为人日，今北人此日亦有讳食菜者，与楚食正反。剪彩镂金薄为人，皆符人日之意，与正旦镂鸡于户同。北人亦有至人日讳食，故岁菜唯食新菜者，又余日不刻牛羊狗猪马之像，而二日独施人鸡，此则未喻。郭缘生《述征记》云：寿张县安民山魏东平王凿山顶为会望处刻铭于壁，文字犹在，所载铭辞即此处，《老子》云：众人熙熙如登春台，如享大牢。《楚词》云：目极千里伤春心。则春日登临自古为通，但不知七日竟起何代，晋代桓温参军张望亦有正月七日登高诗，近代以来南北同耳，北人此日食煎饼，于庭中作之，云薰天，未知所出也。①

溯源人日的来历，并阐述民众在人日的一些风俗习惯，如剪彩为人形，北人此日讳食故菜，唯食新菜，与楚人相反。而且南北方此日都有登高习俗。

正月十五日

《史记乐书》曰：汉家祀太一，以昏时祠到明。今人正月望日，夜游观灯，是其遗事。②

---

① （宋）李昉等：《太平御览》，中华书局1985年版，第140页。
② （宋）李昉等：《太平御览》，中华书局1985年版，第140页。

第三章　宋代类书中的岁时民俗部分

指出了正月十五夜游观灯习俗源于汉代的祭祀。

晦日

《荆楚岁时记》曰：元日至于月晦，并为酺聚饮食。每月皆有弦望晦朔，以正月初年时俗重以为节。士女泛舟或临水宴乐。《玉烛宝典》曰：元日至月晦，人并为酺食，渡水。士女悉湔裳酹酒于水湄，以为度厄。今世人唯晦日临河解除，妇人或湔裙。①

阐述前代及宋人晦日的习俗活动。

七月十五日

《荆楚岁时记》曰：七月十五日，僧尼道俗悉营盆供诸寺。按《盂兰盆经》云：有七叶功德并幡花歌鼓果食送之，盖由此也。又《盂兰盆经》曰：目连见其亡母生饿鬼中，即钵盛饭往饷其母。食未入口，化成火炭，遂不得食，目连大叫，驰还白佛，佛言：汝母罪重，非汝一人奈何，当须十方众僧威神之力，至七月十五日，当为七代父母危难中者，具百味五果，以着盆中供养，十方大德佛敕众僧皆为施主，祝愿七代父母行禅定意，然后受食。是时目连白佛："未来世佛弟子行孝顺者，亦应奉盂兰盆供养。"佛言："大善！"故后代人因此广为华饰，乃至刻木割竹饴蜡彩镂缯模花叶之形，极工妙之巧。②

阐述七月十五日成为佛教节日的缘由。

九月九日

《续齐谐记》曰：汝南桓景随费长房游学累年，长房谓之曰：九月九日汝家当有灾厄，宜急去令家人各作缝囊盛茱萸以系臂登

---

① （宋）李昉等：《太平御览》，中华书局1985年版，第141页。
② （宋）李昉等：《太平御览》，中华书局1985年版，第152页。

高饮菊花酒此祸消，景如言举家登山，夕还，见鸡牛羊一时暴死，长房闻之曰：此可以代矣，今世人每至九月九日登高饮酒，妇人带茱萸囊因此也。①

此条阐述九月九日登高的缘由。

以上条目都追溯了相关节日的起源，并描绘节日在宋代的发展现状。

二 《太平御览》时序部引用文献

聂崇岐在《重印〈太平御览〉前言》中说，"据《太平御览经史图书纲目》统计，《太平御览》引用书目共有一千六百九十种（它实际只列举了一千六百八十九种），这个数字并不包括古律诗、古赋、铭、箴、杂书等等在内"。但"其实《纲目》所列的书名，一书两见的（如虞溥《江表传》之类）很多，三见的（如《法轮经》之类）也不少，剔去重复，恐怕不过一千多种。范希曾《书目答问补正》说《太平御览》引用的文献有两千八百多种，那是把诗、赋、铭、箴之类都算进去了，但其中也不免有重复，所以这个数字并不可靠"②。

经统计《太平御览》时序部引用书目近400部，很多书目在传世过程中已经亡佚，《太平御览》对相关书目的引用为后人再现这类文献提供了一定线索。经统计，这些引用文献如下：

《周易》《太公金匮》《穆天子传》《道德经》《周礼》《左传》《尔雅》《老子》《文子》《范子计然》《庄子》《列子》《管子》《孟子》《荀卿子》《鹖冠子》《春秋公羊传》《春秋谷梁传》《楚辞》《诗经》《孝经》《尸子》《夏小正》《国语》《世本》《尚书》《六韬》《周官》《逸周书》《素问》《邓析子》《邹子》《商子》《晏子春秋》《神农书》《山海经》《招魂辞》《战国策》《墨子》《孔丛子》《吕氏春秋》《神异经》《说苑》《礼记》《淮南子》《五经通义》《列女传》

---

① （宋）李昉等：《太平御览》，中华书局1985年版，第152页。
② （宋）李昉等：《太平御览·序》，中华书局1985年版。

第三章 宋代类书中的岁时民俗部分

《列仙传》《别录》《淮南万毕术》《十洲记》《史记》《新书》《太玄经》《春秋元命苞》《氾胜之书》《春秋孔演图》《钟律书》《尚书注》《易纬是类谋》《易纬稽览图》《礼纬斗威仪》《河图》《尚书中候》《易通卦验》《易乾凿度》《易通统图》《孝经纬》《孝经援神契》《孝经钩命决》《诗含神雾》《春秋感精符》《春秋考异邮》《礼纬稽命征》《尚书考灵曜》《方言》《盐铁论》《月令章句》《独断》《王乔录》《琴操》《汉书》《易占》《律术》《白虎通》《论衡》《洪范五行传》《释名》《春秋繁露》《说文解字》《师旷占》《韩诗章句》《东观汉记》《西京杂记》《扬子法言》《吴越春秋》《易林》《桓子新论》《洞冥记》《政论》《四民月令》《汉旧仪》《与苏武书》《韩诗外传》《三辅决录》《汉官仪》《括地图》《与延笃书》《四民月令》《临海水土异物志》《周生烈子》《古史考》《广雅》《典略》《皇览》《魏略》《辨乐论》《刑礼论》《明罚令》《临海水土记》《汉末英雄记》《三国志》《物理论》《博物志》《襄阳耆旧传》《孔子家语》《续汉书》《晋阳秋》《赵书》《邺中记》《抱朴子》《问礼俗》《搜神记》《月仪书》《续搜神记》《竹林七贤论》《上巳篇》《玄晏春秋》《拾遗记》《高士传》《神仙传》《养生要集》《会稽典录》《永昌郡传》《广志》《益都耆旧传》《晋起居注》《异苑》《后汉书》《征齐道里记》《东阳记》《荆州记》《续晋阳秋》《豫章记》《颜氏家训》《中论》《登真隐诀》《宋书》《袁子正书》《荆楚岁时记》《寿阳记》《幽明录》《舆地志》《梁书》《王浑集》《续齐谐记》《南康记》《殷芸小说》《前赵录》《晋中兴书》《十六国春秋》《宋略》《水经注》《齐民要术》《汉武帝故事》《汉武帝内传》《葛仙公别传》《石虎别传》《钟离意别传》《南齐书》《华阳国志》《三十国春秋》《益州记》《晋朝杂事》《南越志》《汝南先贤传》《五行大义》《匡谬正俗》《汉书音义》《大唐开元礼》《晋书》《北齐书》《南史》《隋书》《岭表录异》《酉阳杂俎》《陶潜集》《洽闻记》《杂说》《乙巳占》《独异志》《投荒录》《辇下岁时记》《唐国史补》《韦氏月录》《集异记》《四时纂要》《书仪》《唐会要》《续会要》《唐书》《韩子》《谈薮》《摄生月令》《杨园苑

疏》《史略》。

引用诗词歌赋类文献有：

两汉时期：崔骃《临洛观春赋》、张衡《归田赋》《南都赋》《思玄赋》。

魏晋时期：曹植《秋思赋》《九咏》、曹丕《九日与钟繇书》、王粲《大暑赋》、嵇含《困热赋序》、应璩《新诗》、何瑾《悲秋夜》、闾丘冲《三月三日应诏诗》、裴秀《大蜡诗》、陆机《乐府诗》《棹歌行》《乐府苦寒行》《感时赋》、傅咸《感凉赋》、潘岳《秋兴赋》《怀县诗》《寡妇赋》、潘尼《上巳日帝会天渊池诗》《七月七日侍皇太子宴玄圃园诗》、谢灵运《九日从宋公戏马台送孔令诗》、陆云《岁暮赋》、袁宏《北征赋》、李充《正月七日登剡西寺诗》、晋成公《绥洛禊赋》、张协《洛禊赋》、阮瞻《上巳会赋》、王廙《洛都赋》、褚爽《禊赋》、苏彦《七月七日咏织女诗》、嵇含《蜡赋序》《困热赋序》。

南北朝时期：宋孝武《七夕诗》、谢惠连《怀秋诗》《咏牛女诗》、汤惠休《白纻舞歌诗》、鲍照《舞鹤赋》《登岘山诗》、王褒《岁暮诗》、阳休之《正月七日登高侍宴诗》、魏收《晦日泛舟应诏诗》、梁简文帝《七夕穿针歌疑诗》、刘孝仪《咏织女诗》、庾肩《吾七夕诗》《九日侍宴诗》、卢思道《上巳禊饮诗》、颜延之《织女赠牵牛诗》、谢庄《七夕应诏咏牛女诗》、刘苞《九日侍宴乐游苑诗》。

隋唐五代时期：庾信《七夕赋》、江总《衡州九日诗》、薛道衡《人日思归诗》、唐太宗《月晦诗》、李崇嗣《寒食诗》、宋之问《途中寒食诗》、沈佺期《岭表逢寒食诗》《三月三日梨园亭侍宴诗》、崔液《正月望夜游诗》、张文恭《七夕诗》、后周王褒《九日从驾诗》、盛翁子《藏钩赋序》。

宋代：谢瞻《九月从宋公戏马台诗》、鲍照《代苦热行》、袁淑《七言咏寒雪》、卞伯玉《大暑赋》。

《太平御览》成书之前已经出现过《皇览》《修文殿御览》《北堂书钞》《艺文类聚》《初学记》等多部类书。因此学界一般认为《太平御览》中的大量引文是直接抄自前代类书的。洪迈则认为《太平御览》所引之书是直接取自原书。下面以《太平御览》引用《荆楚岁时记》为例,将其与前代类书如《艺文类聚》《初学记》引用《荆楚岁时记》的相关内容相比照,以管窥《太平御览》引文的一些特点。

1. 《艺文类聚》引《荆楚岁时记》

经统计,现存《艺文类聚》引《荆楚岁时记》只有五次,引用内容分别出现在条目"人日、正月十五、月晦、寒食、七月十五"中。

(1) 人日

《荆楚岁时记》曰:正月七日为人日,以七种菜为羹,剪彩为人或镂金薄贴屏风上,亦戴之,像人入新年形容改新。[1]

(2) 正月十五

《荆楚岁时记》曰:风俗望日以杨枝插门,随杨枝所指而祭。其夕,迎紫姑神以卜。[2]

(3) 月晦

《荆楚岁时记》曰:元日至月晦并为酺聚饮食,每月皆有晦朔,正月初年时俗重以为节。[3]

(4) 寒食

《荆楚岁时记》曰:去冬至一百五日即有疾风甚雨,谓之寒食。周斐《先贤传》曰:太原旧俗云介子推焚骸一月,寒食莫敢烟爨。[4]

(5) 七月十五

《荆楚岁时记》曰:七月十五日僧尼道俗悉营盆供诸寺院。《盂兰盆经》云:有七叶功德并幡花歌鼓果食送之,盖由此。又

---

[1] (唐)欧阳询:《宋本艺文类聚》,上海古籍出版社2013年版,第118页。
[2] (唐)欧阳询:《宋本艺文类聚》,上海古籍出版社2013年版,第118—119页。
[3] (唐)欧阳询:《宋本艺文类聚》,上海古籍出版社2013年版,第119页。
[4] (唐)欧阳询:《宋本艺文类聚》,上海古籍出版社2013年版,第120页。

曰：目连比丘见其亡母生饿鬼中，即以钵盛饭往饷其母，食未入口，化成火炭，遂不得食。目连大叫，驰还白佛，佛言："汝母罪重，非汝一人力所奈何。当须十方僧众威神之力，至七月十五日，当为七代父母现在父母厄难中者，具百味五果以著盆中供养，十方大德佛敕众僧皆为施主咒愿七代父母行禅定意，然后受食。"是时目连母得脱一劫饿鬼之苦，目连白佛："未来世佛弟子行孝顺者，亦应奉盂兰盆为尔可否。"佛言："大善！"故后代人因此广为华饰，乃至刻木割竹，饴蠟剪彩，模花果之形，极工妙之巧。①

2.《初学记》引《荆楚岁时记》

《初学记》引《荆楚岁时记》十六次，内容分别出现在条目"元日第一（三次）、人日第二、正月十五日第三、月晦第四、寒食第五、三月三日第六、五月五日第七（三次）、伏日第八、七月七日第九、七月十五日第十、九月九日第十一、岁除第十四"中。

（1）庭前爆竹

《荆楚岁时记》曰：以辟山臊恶鬼也。山臊，案《神异经》：在西方深山中，长尺余，犯人则病，畏爆竹声，又俗爆竹燃草起于庭燎。②

（2）服桃汤，进敷于散

《荆楚岁时记》曰：桃者，五行之精，厌伏邪气，制百鬼，今人又进屠苏酒，胶牙饧。③

（3）折松索苇

宗懔《荆楚岁时记》曰：正月一日是三元之日，帖画鸡户

---

① （唐）欧阳询：《宋本艺文类聚》，上海古籍出版社2013年版，第146—147页。
② （唐）徐坚等：《初学记》，中华书局2004年版，第63页。
③ （唐）徐坚等：《初学记》，中华书局2004年版，第63页。

第三章 宋代类书中的岁时民俗部分

上，悬苇索于其上，插符其傍，百鬼畏之。①

（4）人日第二

《荆楚岁时记》曰：正月七日为人日。董勋《问礼俗》曰：正月一日为鸡，二日为狗，三日为猪，四日为羊，五日为牛，六日为马，七日为人。以七种菜为羹，剪彩为人，或镂金薄为人，以贴屏风，亦戴之头发。董勋《问礼俗》云：人入新年，形容改从新。又造华胜相遗。起于晋代，见贾充李夫人《典戒》云，像瑞图金胜之形。又取像西王母戴胜也。②

（5）正月十五日第三

《荆楚岁时记》曰：今州里风俗，望日祭门，先以杨枝插门，随杨枝所指，仍以酒脯饮食及豆粥插箸而祭之，其夕，迎紫姑神以卜。刘敬叔《异苑》曰：紫姑本人家妾，为大妇所逐，正月十五感激而死，故世人作其形于厕，以迎之卜。③

（6）月晦第四

《荆楚岁时记》曰：元日至于月晦，并为酺聚饮食。每月皆弦望晦朔，以正月初年，时俗重以为节。士女泛舟，或临水宴乐。《玉烛宝典》曰：元日至月晦，人并为酺食度水。士女悉湔裳酌酒于水湄，以为度厄。今世人唯晦日临河解除，妇人或湔裙。④

（7）寒食第五

《荆楚岁时记》曰：去冬节一百五日，即有疾风甚雨，谓之寒食。据历合在清明前二日，亦有去冬至一百六日。禁火三日。琴操曰：晋文公与介子绥俱亡，子绥割腕股以啖文公。文公复国，子绥独无所得。子绥作龙蛇之歌而隐。文公求之，不肯出。乃燔左右木，子绥抱木而死。文公哀之，令人五月五日不得举

---

① （唐）徐坚等：《初学记》，中华书局2004年版，第64页。
② （唐）徐坚等：《初学记》，中华书局2004年版，第65页。
③ （唐）徐坚等：《初学记》，中华书局2004年版，第66页。
④ （唐）徐坚等：《初学记》，中华书局2004年版，第66页。

火。又周举移书，及魏武《明罚令》，陆翙《邺中记》并云：寒食断火起于子推，《琴操》所云子绥，绥即推也。又云五月五日，与今有异，皆因流俗所传，据《左传》及《史记》并无介子推被焚之事。按《周书司烜氏》仲春以木铎循火禁于国中，注云，为季春将出火也。今寒食准节气是仲春之末，清明是三月之初，然则禁火盖周之旧制。斗鸡，镂鸡子，斗鸡子《玉烛宝典》曰：此节城市尤多斗鸡卵之戏。《左传》有季郈斗鸡，其来远矣。古之豪家，食称画卵，今代犹染蓝茜杂色，仍加雕镂，遂相饷遗。或置盘俎。《管子》曰：雕卵熟斫之，所以发积藏，散万物。张衡《南都赋》曰：春卵夏笋，秋韭冬菁，便是补益滋味。其斗卵则莫知所出。董仲舒书云，心如宿卵，为体内藏，以据其刚，仿佛斗理也。打毬刘向《别录》曰，蹴鞠，黄帝所造，本兵势也，或云起于战国，案，鞠与毬同，古人蹋蹴以为戏。秋千《古人艺术图》云，秋千，北方山戎之戏，以习轻趫者。[①]

(8) 三月三日第六

《荆楚岁时记》曰：三月三日士人并出水渚，为流杯曲水之饮。注曰：《续齐谐记》晋武帝问尚书挚虞曰：三日曲水，其义何指？答曰：汉帝时，平原徐肇以三月初生三女，而三日俱亡，一村以为怪，乃相携之水滨盥洗，遂因流水以泛觞，曲水起于此。帝曰：若此谈，便非嘉事。尚书郎束皙曰：挚虞小生，不足以知此，臣请说其始。昔周公卜成洛邑，因流水以泛酒。故逸诗云：羽觞随波流。又秦昭王三月上巳置酒河曲，有金人自东而出，奉水心剑曰：令君制有西夏。及秦霸诸侯，乃因其处立为曲水祠，二汉相沿，皆为盛集。帝曰：善。赐金十五斤，左迁挚虞为阳城令。[②]

(9) 五月五日第七

《荆楚岁时记》曰：宗则字文度，常以五月五日未鸡鸣时采

[①] （唐）徐坚等：《初学记》，中华书局2004年版，第67页。
[②] （唐）徐坚等：《初学记》，中华书局2004年版，第68页。

艾，见似人处，揽而取之，用灸有验。是日竞采杂药。①

（10）踏百草

《荆楚岁时记》曰：四人（民）并踏百草，今人又有斗百草之戏。②

（11）竞渡

《荆楚岁时记》曰：俗谓是屈原死汨罗日，伤其死所，并命将舟楫以拯之，至今为俗。③

（12）伏日第八

《荆楚岁时记》曰：伏日进汤饼，名为辟恶。④

（13）七月七日第九

《荆楚岁时记》曰：七夕妇人结彩缕，穿七孔针，或以金银鍮石为针。⑤

（14）七月十五日第十

《荆楚岁时记》曰：七月十五日，僧尼道俗悉营盆供诸寺。案《盂兰盆经》云："有七叶功德，并幡花歌鼓果食送之。"盖由此。⑥

（15）九月九日第十一

《荆楚岁时记》曰：九月九日，土人并藉野饮宴。《续齐谐记》曰：汝南桓景，随费长房游学。长房谓之曰：九月九日汝南当有大灾厄。急令家人缝囊盛茱萸系臂上，登山饮菊酒，此祸可消。景如言，举家坐山，夕还。见鸡犬一时暴死。长房曰：此可代之。今世人九日登高是也。⑦

---

① （唐）徐坚等：《初学记》，中华书局2004年版，第74页。
② （唐）徐坚等：《初学记》，中华书局2004年版，第74页。
③ （唐）徐坚等：《初学记》，中华书局2004年版，第74页。
④ （唐）徐坚等：《初学记》，中华书局2004年版，第75页。
⑤ （唐）徐坚等：《初学记》，中华书局2004年版，第76页。
⑥ （唐）徐坚等：《初学记》，中华书局2004年版，第79页。
⑦ （唐）徐坚等：《初学记》，中华书局2004年版，第80页。

（16）岁除第十四

《荆楚岁时记》曰：岁前，又为藏弧之戏。辛氏《三秦记》云：昭帝母钩弋夫人手拳而国色，今人学藏钩亦法此，钩亦作弧。①

3. 《太平御览》引《荆楚岁时记》

《太平御览》时序部引用《荆楚岁时记》达23条。

（1）《荆楚岁时记》曰：六月，必有三时雨，田家以为甘泽，邑里相贺曰嘉雨。②

（2）闰《荆楚岁时记》曰：《周礼》云，王出居寝门，故为字门中从王也，是月也不举百事，以非中气也。③

（3）《荆楚岁时记》曰：正月夜多鬼鸟度，家家槌床打户，折狗耳，灭灯烛以禳之。《玄中记》云：此鸟名姑获，一名天帝女，一名隐飞鸟，一名夜行游女，好取人女子养之。有小儿之家，即以血点其衣以为志，故世人名为鬼鸟，荆州弥多，斯言信矣。又曰：正月未日夜芦苣火照井厕中，百鬼走。④

（4）《荆楚岁时记》曰：立春日悉剪彩为燕以戴之，帖宜春之字，傅咸《燕赋》有其言矣。⑤

（5）《荆楚岁时记》曰：四月也，有鸟名获谷，其鸣自呼，农人候此鸟鸣，则云梨根岸。⑥

（6）《荆楚岁时记》曰：夏至日取菊为灰以止小麦虫蠹。按：干宝《变化论》乃云：稻成蚕，麦为蛱蝶。其验乎？⑦

---

① （唐）徐坚等：《初学记》，中华书局2004年版，第85页。
② （宋）李昉等：《太平御览》，中华书局1985年版，第51页。
③ （宋）李昉等：《太平御览》，中华书局1985年版，第87页。
④ （宋）李昉等：《太平御览》，中华书局1985年版，第95页。
⑤ （宋）李昉等：《太平御览》，中华书局1985年版，第99页。
⑥ （宋）李昉等：《太平御览》，中华书局1985年版，第108页。
⑦ （宋）李昉等：《太平御览》，中华书局1985年版，第111页。

第三章 宋代类书中的岁时民俗部分　　　　　　　　　　　　　　115

（7）《荆楚岁时记》曰：八月十日，四民并以朱点小儿头，名为天灸，以厌疾也。又曰以绵彩为眼明囊。赤松子以八月囊承柏树露为宜服，后世以金薄为之，递相饷遗。①

（8）《荆楚岁时记》曰：十一月冬至日作赤豆粥。②

（9）《荆楚岁时记》曰：十二月八日沐浴转除罪瘴。③

（10）《荆楚岁时记》曰：元日庭前爆竹以辟山臊恶鬼也。山臊，按《神异经》：在西方深山中，长尺余，犯人则病，畏煅竹声。又俗爆竹燃草起于庭燎。（元日）又曰：元日至于月晦民并酺食之，名又似之矣，出钱为酿出食为酺竟分明。掷樗名为博射，《艺经》为掷博。（元日）又曰：元日镂悬苇炭桃棒户上，却疠疫也。又曰：元日服桃汤，桃者，五行之精，厌伏邪气制百鬼，今人进屠苏酒胶牙饧，盖其遗事也。（元日）又曰：正月一日三元之日也。鸡鸣而起。案：《周书纬通卦》云：鸡，阳鸟也，以为人候四时。人得以翘首结带正衣常也。先于庭前爆竹，帖画鸡或斫镂五彩及土鸡于户上。④

（11）《荆楚岁时记》曰：正月七日为人日，董勋《问礼俗》曰：正月一日为鸡，二日为狗，三日为猪，四日为羊，五日为牛，六日为马，七日为人。以七种菜为羹，剪彩为人，或镂金薄为人以贴屏风，亦戴之头发。董勋《问礼俗》云：人入新年，形容改从新。又造华胜相遗。起于晋代，见贾充李夫人《典戒》云像瑞图金胜之形，又取像西王母戴胜也。旧以正月七日为人故名为人日，今北人此日亦有讳食菜者，与楚食正反。剪彩镂金薄为人，皆符人日之意，与正旦镂鸡于户同。北人亦有至人日讳食，故岁菜唯食新菜者，又余日不刻牛羊狗猪马之像，而二日独施人鸡，此则未喻。郭缘生《述征记》云：寿张县安民山魏东平王凿

---

① （宋）李昉等：《太平御览》，中华书局1985年版，第115页。
② （宋）李昉等：《太平御览》，中华书局1985年版，第132页。
③ （宋）李昉等：《太平御览》，中华书局1985年版，第128页。
④ （宋）李昉等：《太平御览》，中华书局1985年版，第136—137页。

山顶为会望处，刻铭于壁，文字犹在，所载铭辞即此处，《老子》云：众人熙熙如登春台如享大牢。《楚词》云：目极千里伤春心。则春日登临自古为适，但不知七日竟起何代，晋代桓温参军张望亦有正月七日登高诗，近代以来南北同耳，北人此日食煎饼，于庭中作之，云薰大，未知所出也。①

（12）《荆楚岁时记》曰：正月十五日作豆糜加油膏其上，以祠门户。《续齐谐记》曰：正月半有神降陈氏之宅，云，是蚕室，若能见祭，当令蚕桑百倍。疑非其事，祭门备之七祠，今州里风俗望日祠门，其法先以杨枝插门而祭之。《齐谐记》曰：吴县张成见一妇人立宅东南角，谓成曰："此地是君蚕室，我即地神矣，正月半日可作白粥泛膏于上以祭之，当令君家蚕桑百倍。"言讫而去，绝失所在。或为作膏粥，已后年年大得蚕。世人正月半作粥祷之，加以肉覆其上登屋食之，呪云："登膏糜，挟鼠脑，欲来不来待我三蚕老。"则以为禳鼠与《齐谐记》相符，又覆肉亦是覆臂之理。石虎《邺中记》正月十五日有登高之会，则登高又非今世而然者也。其夕则迎紫姑以卜，刘敬叔《异苑》云："紫姑本人家妾，为大妇所妒，正月十五日感激而死，故世人作其形迎之，云：'子婿不在（云是其婿）曹夫人已行（云是其姑），紫姑可出。'"《异苑》又云："于厕间或猪栏边迎之，捉之觉重，是神来也。平昌孟氏尝以此日迎之，遂穿屋而去。自尔正，著以败衣，盖为此也。"《洞览》云："帝喾女将死，云：'生平好乐，至正月可以见迎。'"又其事也。俗云溷厕之间必须净然后能致紫姑。②

（13）《荆楚岁时记》曰：元日至于月晦，并为醵聚饮食。每月皆有弦望晦朔，以正月初年时，俗重以为节。士女泛舟，或临水宴乐。《玉烛宝典》曰：元日至月晦，人并为醵食，渡水。士女悉湔裳酹酒于水湄，以为度厄。今世人唯晦日临河解除，妇

---

① （宋）李昉等：《太平御览》，中华书局1985年版，第140页。
② （宋）李昉等：《太平御览》，中华书局1985年版，第140页。

第三章 宋代类书中的岁时民俗部分

人或湔裙。①

（14）《荆楚岁时记》曰：社日，四邻并结综会社牲醪，为屋于树下，先祭神，然后飨其胙。②

（15）《荆楚岁时记》曰：去冬节一百五日即有疾风甚雨，谓之寒食。据历合在清明前二日亦有去冬至一百六日。陆翙《邺中记》曰：寒食三日作醴酪。又煮粳米及麦为酪，捣杏仁，煮作粥。案《玉烛宝典》：今日悉为大麦粥研杏仁为酪，引饧沃之。又孙楚《祭子推》文云："黍饭一盘，醴酪二盂，是其事也。"又曰：并州俗冬至一百五日为介子推断火，冷食三日作干粥，是今之糗也。

范晔《后汉书》曰：周举迁并州刺史，太原一郡旧俗以介子推焚骸，有龙忌之禁，至其月，咸言神灵不乐举火。举移书于子推庙云：春中寒食一月，老小不堪，今则三日而已。魏武帝《明罚令》曰：闻太原上党西河雁门，冬至后百有五日皆冱寒之地，老少羸弱，将有不堪之患，令人不得寒食，若犯者家长半岁刑，主吏百日刑，令长夺一月俸。周斐《汝南先贤传》曰：太原旧俗，以介子推焚骸，一月寒食莫敢烟爨。

刘向《别录》曰：寒食蹋蹴，黄帝所造，本兵势也。或云起于战国。案，鞠与球同，古人蹋蹴以为戏。《古今艺术图》云：寒食秋千本北方山戎之戏，以习轻趫者也。又按周举移书及魏武《明罚令》、陆翙《邺中记》并云寒食断火起于子推，《琴操》所云子绥，绥即推也。又云：五月五日与今有异，皆因流俗所传。据《左传》及《史记》并无介子推被焚之事。案《周礼》司烜氏仲春以木铎修火禁于国中。注云：为季春将出火也，今寒食准节气是仲春之末，清明是三月之初，然即禁火盖周之旧制。

《玉烛宝典》曰：寒食此节，城市尤多斗鸡卵之戏。《左传》

---

① （宋）李昉等：《太平御览》，中华书局1985年版，第141页。
② （宋）李昉等：《太平御览》，中华书局1985年版，第142页。

有季郈斗鸡，其来远矣。①

（16）三月三日

《荆楚岁时记》曰：三月三日四人并出江渚池沼间，为流杯曲水宴。②

（17）五月五日

《荆楚岁时记》曰：五月五日，西人并蹋百草，今人又有斗百草之戏。又曰：五月五日竞渡，俗为屈原投汨罗日，伤其死所，并命舟楫以拯之，舸舟取其轻利谓之飞凫，一自以为水军，一自以为水马，州将及土人悉临水而观之。又曰：是月俗忌盖屋及曝荐席。《风俗通》云：五月盖屋令人头秃。又《异苑》云："新野庾寔家尝以五月曝席，忽有一小儿于席下，俄失所在，其后寔女子遂亡。"相传弥以忌，为此条通五月之事，今附于此。又曰：五月五日荆楚人并蹋百草，将艾以为人，悬门户上，以攘毒气，故《师旷占》曰：岁病则艾草先生也。③

（18）《玉烛宝典》曰：五月五日采艾悬于户上，以攘毒气。按《荆楚岁时记》云，宗则字文度，常以五月五日未鸡时采艾，见似人处揽而取之，用灸有验，是日竞渡采杂药。④

（19）伏日

《荆楚岁时记》曰：六月伏日并作汤饼名为辟恶。⑤

（20）七月七日

《荆楚岁时记》曰：七夕妇人结彩缕，穿七孔针，或以金、银、鍮石为针。宋孝武《七夕诗》曰：迎风披采缕，阿月贯玄针。陈瓜果于中庭以乞巧，有喜子网于瓜上，以为符应。⑥

---

① （宋）李昉等：《太平御览》，中华书局1985年版，第142页。
② （宋）李昉等：《太平御览》，中华书局1985年版，第143页。
③ （宋）李昉等：《太平御览》，中华书局1985年版，第146页。
④ （宋）李昉等：《太平御览》，中华书局1985年版，第147页。
⑤ （宋）李昉等：《太平御览》，中华书局1985年版，第148页。
⑥ （宋）李昉等：《太平御览》，中华书局1985年版，第149页。

第三章 宋代类书中的岁时民俗部分

（21）七月十五日

《荆楚岁时记》曰：七月十五日，僧尼道俗悉营盆供诸寺。按《盂兰盆经》云："有七叶功德，并幡花歌鼓果食送之"，盖由此也。又《盂兰盆经》曰："目连见其亡母生饿鬼中，即钵盛饭往饷其母。食未入口，化成火炭，遂不得食。目连大叫，驰还白佛，佛言：'汝母罪重，非汝一人奈何，当须十方众僧威神之力。至七月十五日，当为七代父母危难中者，具百味五果以著盆中供养，十方大德佛敕众僧皆为施主呪愿七代父母行禅定意，然后受食。是时目连白佛：'未来世佛弟子行孝顺者，亦应奉盂兰盆供养。'佛言：'大善！'"故后代人因此广为华饰，乃至刻木割竹饴蜡彩镂缯模花叶之形，极工妙之巧。①

（22）九月九日

《荆楚岁时记》曰：九月九日，四民并籍野饮讌。杜公瞻云：九月九日宴会，未知起于何代，然自汉世来未改，今北人亦重此节，近代多宴设于台榭。②

（23）腊

《荆楚岁时记》曰：又为藏弶之戏，辛氏以为钩弋夫人所起。周处、成公绥并作弶字，《艺经》、庾阐则作钩字，其事同也。俗云：戏令人生离，有禁忌之家废不修也。辛氏《三秦记》曰：汉昭帝母钩弋夫人，手拳有国色，世人藏钩因此。按汉钩弋夫人姓赵，为武帝婕妤，生昭帝。《汉武故事》云：上巡狩河间，见青光自地属天，望气云：下有贵子。上求之，莫舒，上自披即舒，号拳夫人。善素女术，大有宠，即钩弋夫人也。周处《风土记》云：呼为行弶，盖妇人所用，银作环以鎈指而缠者，腊日祭后，叟妪儿息皆藏弶戏，分为二曹，以较胜负，为一筹为一都，负者起拜谢胜者。③

---

① （宋）李昉等：《太平御览》，中华书局1985年版，第152页。
② （宋）李昉等：《太平御览》，中华书局1985年版，第153页。
③ （宋）李昉等：《太平御览》，中华书局1985年版，第157页。

虽不能简单从引用次数多少，来断定《太平御览》所引用的很多内容是《艺文类聚》和《初学记》中所没有记录的。然而，从引文内容的对比来看，《初学记》所引《荆楚岁时记》的内容较为简单，并未全引杜公瞻的注；《太平御览》所引《荆楚岁时记》的内容较为完整全面。聂崇岐认为，"《太平御览》引书，字句往往与流行的原书不同，也有为今本所无的。南宋洪迈已注意到这一点，他在《容斋三笔》卷一和《四笔》卷一，曾分别提到《太平御览》引的《史记》或《三国策》'多今本所无'。甚至有时同引一书前后不一致的"。同样，以上《太平御览》所引《荆楚岁时记》二十三条，有些条目为明代陈继儒和何允中本所无，如上所列第二条。①

且《太平御览》引书字句与流行原书也有不同，如上所列，《太平御览》引《荆楚岁时记》的第一条：

《荆楚岁时记》曰：六月，必有三时雨，田家以为甘泽，邑里相贺曰嘉雨。②

陈继儒《宝颜堂秘笈》本录为"六月，必有三时雨，田家以为甘泽，邑里相贺，曰'贺嘉雨'"③。

《太平御览》引《荆楚岁时记》的第五条，"《荆楚岁时记》曰四月也，有鸟名获谷，其鸣自呼，农人候此鸟鸣，则云梨根岸"④。

陈、何本此条录为"农人候此鸟，则犁杷上岸"⑤。

《太平御览》引《荆楚岁时记》的第七条：

---

① （宋）李昉等：《太平御览》，中华书局1985年版，第2、87页。
② （宋）李昉等：《太平御览》，中华书局1985年版，第51页。
③ （梁）宗懔：《荆楚岁时记》，山西人民出版社1987年版，第53页。
④ （宋）李昉等：《太平御览》，中华书局1985年版，第108页。
⑤ （梁）宗懔：《荆楚岁时记》，山西人民出版社1987年版，第42页。

《荆楚岁时记》曰：八月十日，四民并以朱点小儿头，名为天灸，以厌疾也。又曰以绵彩为眼明囊，赤松子以八月囊承柏树露为宜服，后世以金薄为之，递相饷遗。①

陈、何本此条录为"八月十四日，民并以朱墨点小儿头额，名为天灸，以厌疾"②。

因此"做校勘古书工作的，遇到疑难往往取《太平御览》的引文来作对照，有时也能解决问题；但因为有上述的那种情形，也得加以分析判断才成，如果根据了错误的引文而妄改原书，那就成问题了"③。

第二节 《事类赋》中的岁时民俗部分

《事类赋》初名《一字题赋》，因其有注，亦名《事类赋注》，为吴淑所撰并作注。此书成于宋淳化四年（993），初为二十卷，后奉敕自注，增为三十卷，定名《事类赋》。吴淑说："伏以类书之作，相沿颇多，盖无纲条，率难记诵。今综而成赋，则焕焉可观。"④道出了他为赋的目的。全书分天、岁时、地、宝货、乐、服用、什物、饮食、禽、兽、草木、果、鳞介、虫14部。下分100类，如天、日、月、星、风、云、春、夏、秋、冬、茶、酒、马、牛、羊、龙、蛇、蝉、蜂等，以一字标题，每题为赋一篇，赋中每句之下，标明出处，并加以训释。《事类赋》岁时部包括春、夏、秋、冬四个标题。

《事类赋》初无刻本，最早的著录见于南宋尤袤《遂初堂书目》，仅"事类赋"三字，编入子部类书类；陈振孙《直斋书录解题》卷

---

① （宋）李昉等：《太平御览》，中华书局1985年版，第115页。
② （梁）宗懔：《荆楚岁时记》，山西人民出版社1987年版，第59页。
③ （宋）李昉等：《太平御览》，中华书局1985年版，第1页。
④ （宋）吴淑：《事类赋注》，中华书局1989年版，第2页。

十四增记了著者和卷数；王应麟《玉海》卷五十九具体记载了成书和注释扩充为三十卷的时间。王偁的《东都事略》卷一百十五、曾巩的《隆平集》卷十四，以及不知撰人的《京口耆旧传》卷三等宋人著作，也都有关于《事类赋》和吴淑的记载。边惇德在《事类赋序》中说："骈四俪六，文约事备，经史百家，传记方外之说，靡所不有。"① 这是对《事类赋》从内容到编纂体例的妥切概括。明清学者对《事类赋》也是倍加称道，广为增撰。华希闵撰有《广事类赋》四十卷，将赋增广为291首，吴世旃撰有《广广事类赋》三十二卷，继续增加赋作137首，王凤撰有《续广事类赋》三十卷，复续之为260首，张均撰有《事类赋补遗》十四卷。

《事类赋》具有双重身份，从文体上说，它属于赋，但从其内容上看又属于类书的范畴，因此可以说它是一部类事赋，也可说是一部赋体类书。钱锺书先生认为《事类赋》"浮声切响，花对叶当，翰藻虽工，而以数典为主，充读者之腹笥"②。《事类赋》的这种双重身份是由宋代特定的科举背景所决定的。一方面它是考试用的类书，为方便考生记诵而写。另一方面在文体上又属于赋，在表达技巧上有其独特性，既要类事，也要注意文体上的偶对。

《事类赋》的源头产生于帖经最为盛行的唐代。这一时期的帖经多集中于《春秋三传》以及《周易》等经典。宋人马端临在《文献通考》卷二九《选举二》对帖经有过说明："凡举司课试之法，帖经者以所试经掩其两端，中间开唯一行，裁纸为帖，凡帖三字，随时增损，可否不一。或得四、或得五、或得六为通。后举人积多，故其法益难，务欲落之，至有帖孤章绝句、疑似参互者以惑之，甚者或上抵其注，下余一二字，使寻之难知，谓之'倒拔'。既甚难矣，而举人则有驱悬孤绝、索幽隐为诗赋而诵习之，不过十数篇，则难者悉详矣，其于平文大义，或多墙面焉。"③《事类赋》这种形式的类书不仅

---

① （宋）吴淑：《事类赋注》，中华书局1989年版，第1页。
② 钱锺书：《管锥编（三）》，中华书局1979年版，第1151页。
③ （元）马端临：《文献通考》卷29，中华书局1986年版，第271页。

有利于考生记诵儒家经典,还可使读者领略到文学作品的艺术魅力,在诵读中记住乏味的知识和典故。这种体裁,可算是类书编撰中的创举。

一 《事类赋》的作者

《事类赋》为吴淑所撰。《宋史》对吴淑的生平记载非常详细,"吴淑字正仪,润州丹阳人。父文正,事吴,至太子中允。好学,多自缮写书。淑幼俊爽,属文敏速。韩熙载、潘佑以文章著名江左,一见淑,深加器重。自是每有滞义,难于措词者,必命淑赋述。以校书郎直内史。江南平,归朝,久不得调,甚穷窘。俄以近臣延荐,试学士院,授大理评事,预修《太平御览》《太平广记》《文苑英华》。一日,召对便殿,出古碑一编,令淑与吕文仲、杜镐读之。历太府寺丞、著作佐郎。始置秘阁,以本官充校理。尝献《九弦琴五弦阮颂》,太宗赏其学问优博。又作《事类赋》百篇以献,诏令注释,淑分注成三十卷上之。迁水部员外郎。至道二年,兼掌起居舍人事,预修《太宗实录》,再迁职方员外郎。"[①]

吴淑知识渊博,重视书籍,且注重将书本知识运用到实际政治生活中。如"时诸路所上闰年图,皆仪鸾司掌之,淑上言曰:'天下山川险要,皆王室之秘奥,国家之急务,故《周礼》职方氏掌天下图籍。汉祖入关,萧何收秦籍,由是周知险要。请以今闰年所纳图上职方。又州郡地里,犬牙相入,向者独画一州地形,则何以傅合他郡?望令诸路转运使,每十年各画本路图一上职方。所冀天下险要,不窥牖而可知;九州轮广,如指掌而斯在。'从之。会诏询御戎之策,淑抗疏请用古车战法,上览之,颇嘉其博学。咸平五年,卒,年五十六"[②]。

吴淑性格纯正善良,"王师围建业,城中乏食。里闬有与淑同宗者,举家皆死,惟存二女孩。淑即收养如所生,及长,嫁之。时论多

---

① (元)脱脱:《宋史》,中华书局2014年版,第441卷,第13040页。
② (元)脱脱:《宋史》,中华书局2014年版,第441卷,第13040—13041页。

其义"。著述颇丰,"有集十卷。善笔札,好篆籀,取《说文》有字义者千八百余条,撰《说文五义》三卷。又著《江淮异人录》三卷、《秘阁闲谈》五卷。"①

二 《事类赋》的岁时民俗部分

《事类赋》的赋和注紧密结合在一起。赋是以季节为单位,将节气节日典故浓缩连接,便于记诵,既显示作者学识深厚又富于文学审美价值,表现出赋作为一种文学体裁应具备的文采。注是作者引用大量文献对赋中的节气节日典故进行说明,体现出学者的理性思维,对一些问题作审慎的考订和判断。

《事类赋》卷四为岁时部,分为春赋、夏赋、秋赋、冬赋四部分。主要围绕四季的物候,季节政令以及风俗习惯展开赋论。如《春赋》中关于春季物候的描写,"春日迟迟,采蘩祁祁,玩柔风兮韶景,睇芳节兮嘉时","风已解冻,鱼方上冰。戴胜降桑而翔集,王雎鼓翼以嘤鸣","雨润榆荚。云飞白鹤","华林则堤号千金。丛花绕练以凝望"。②

春季政令有:"遒人遵路以徇铎,太师奉职而陈诗……或以命乐正而习舞,或以敕狱吏而决辞……尔其举正于中,履端于始。瞻青旗之在御,见斗杓之东指。农祥晨正,土膏脉起。望三素之云,饮八风之水,既布令于五时,复伤心于千里";"既荐鲔以乘舟。亦先雷而奋铎。若乃佩苍璧。施土牛。其祀户。其兵矛……万物孚甲之际。精华结纽之辰。可以论爵赏之序。可以留宽大之恩……必埋胔而掩骼。亦行庆而施惠……祭马祖而祀高禖。荐鞠衣而修蚕器。元日祈谷。东郊迎气。女夷鼓歌。土人秉耒"。③

春季宫廷生活有"后妃之穜稑初献。东宫之琴瑟方调";春季的

---

① (元)脱脱:《宋史》,中华书局 2014 年版,第 441 卷,第 13041 页。
② (宋)吴淑:《事类赋注》,中华书局 1989 年版,第 65—67、72—73 页。
③ (宋)吴淑:《事类赋注》,中华书局 1989 年版,第 65—69 页。

第三章 宋代类书中的岁时民俗部分　　125

饮食有"食以蓬饵。饮之浆粥……设五木之汤。列五辛之味"。①

春季的一些风俗有"举此青旛。戴之彩燕。渟神水以酿酒。用桃花而靧面";"画鸡苇索以皆陈。柏酒桃汤而具备……尔其寒食之节,禁火藏烟,斗鸡蹋鞠,佐以秋千,榆火将然,古有司烜之禁,俗有介推之言"。以及一些发生在春季流传较广的事迹。如"戴凭重席而谈经。江夏举衣而告瑞"。②

同样的,在《夏赋》中,也包含类似的内容,如对夏季天象物候的描写:"含桃先荐。反舌无声。或见三星之在户。或以五彩而避兵。苦菜秀而靡草死。蚯蚓出而王瓜生。若夫四月维夏,五月徂暑。或闻蟋蟀之居壁。或见莎鸡之振羽。天毒则草木皆干。朱提则飞禽不度。"③

夏季的相关政令有:"或以节嗜欲而止声色。或以教车甲而观才武";"知盛德之在火。见斗柄之指巳。于是惠贤良。施爵位。挺重囚。行庆赐"。④

夏季的一些风俗有:"若能角黍应时令之制。彩丝通问遗之情。萦朱索以饰户。带灵符而辟兵。鸲鹆之舌初剪。蟾蜍之角俄生。菹龟义著。铸镜功精。蹋百草以遝鹜。棹飞凫而迅征。蓄兰为沐。缚艾成形。投汨罗而楝叶斯在。"⑤

发生在夏季的一些俗事有:"嘉宾诣谢安而交扇。王公见真长而吴语……吴猛不驱于蚊蚋。子平每避于清凉。越王念吴而握火。陆机在洛而思乡。恋嵇康之锻灶。玩武子之萤囊。念师文之飞雪。忆邹衍之降霜……葛洪之见仙翁,每乘醉而入水。延陵之逢高士,岂披裘而取金……孙登容与于草裳。羊茂逍遥于版榻……羊欣之衣练裙。亦闻肃氏居巢";"曼倩之割赐肉。张氏之祠黄石。羊酪既云其供费。巴蜀

---

① (宋)吴淑:《事类赋注》,中华书局1989年版,第68—69页。
② (宋)吴淑:《事类赋注》,中华书局1989年版,第67、69—71页。
③ (宋)吴淑:《事类赋注》,中华书局1989年版,第74页。
④ (宋)吴淑:《事类赋注》,中华书局1989年版,第75、78页。
⑤ (宋)吴淑:《事类赋注》,中华书局1989年版,第79页。

亦闻其自择。嵇含困热以思风，程晓闭门而避客"。①

夏季避暑"冷则饮明义之井。寒则涉樊山之溪。清露滴昆仑之气。夏扈趣耕稼之期"。夏季饮食"玄谟之井方开。秦穆之祠始益。河朔有避暑之饮。邺下有颁冰之锡。遵汤饼于时俗。荐麦瓜于宗柘"。还有对五月出生人的额外叙述，"田文以高户获举。胡广以流瓮复生。彼镇恶之与纪迈。王凤之于信明"。②

秋赋中关于秋天的物候天象有："秋日凄凄，百卉具腓。溽暑阑而清商至。鸿雁来而玄鸟归"；"白露斯零，寒蝉则鸣。络纬悲啼，蟋蟀宵征"；"露凝冷以凄清，蝉含风而萧瑟。若夫蒹葭苍苍，白露为霜。菊有黄华。云见群羊。木叶微脱。绿草芸黄"。③

秋季的政令有："命乐正而习吹。敕司爟而行火令。歌《豳诗》以迎寒气……于是行肃杀。务收成。既决狱而断刑，亦选将而厉兵"；"司矢以之献箙。诏司马而治兵。命辀轩而采俗……可以修城郭。可以谨门闾"。④

在夏赋中，格外列出与七月七日相关的风俗以及人物事迹。有："若乃云汉灵匹，见于七夕。阮巷矜绨锦之衣。魏宫怆琉璃之笔。或张云锦之帷。或履玄琼之舄。道武则参合分祥。汉帝则猗兰告吉。层城嬉戏。开襟缝适。西母则青鸟傍侍。窦后则神光照室。亦有针穿七孔。灯燃九微。命五龙之驾。临百子之池。登舜山而骋望。侍玄圃以裁诗。晋宣曝书而迫遽。郝隆晒腹而逶迤。陶安骑龙而遐骛。子乔乘鹤而难追"；以及与重阳相关的风俗及人物事迹："若其重阳令辰，时惟九日。落孟嘉之帽。传长房之术。白衣，王弘之遗。黄菊，魏文之锡。登高飙而为乐。指戏马而爱出。三隥则山简登跻。九井则仲文游陟。耽灵运之吟思。讽谢瞻之诗笔。晋则执经以明道。齐则讲武以应祥"。⑤

---

① （宋）吴淑：《事类赋注》，中华书局1989年版，第75—77、81 页。
② （宋）吴淑：《事类赋注》，中华书局1989年版，第78、80—81 页。
③ （宋）吴淑：《事类赋注》，中华书局1989年版，第85—86、88 页。
④ （宋）吴淑：《事类赋注》，中华书局1989年版，第86—87 页。
⑤ （宋）吴淑：《事类赋注》，中华书局1989年版，第89—91 页。

《冬赋》中关于冬季的天象物候描绘有："若夫冬日烈烈，飘风发发……日驭行北。斗杓指亥"；冬季的政令有："既习射而角力。亦听狱而论刑""习或以安形性而去声色。或以缮宫室而修囷仓……星回岁终，或游于鲁观。或祈彼天宗。于是先以大傩，次之小岁，吹豳诗以愉乐"。发生在冬季的历史故事有："孝子更惊于梅奈。或求堇而流涟。或泣竹而悲慨。至于应北陆而藏冰。当南至而书云。循蘁氏之去草。美颜斐之致薪。孝武尝被于单衣。西华犹衣于练裙"。①

还有描绘冬季行刑之时，士大夫表现："延年流血于决狱。温舒顿足于用事。盛吉书法以垂泣。虞经断囚而流涕"；发生在冬季的一些逸事如"学方勤于岁余。笑田夫之负暄。美掾吏之送徒。叹黄香之无袴。伟王祥之得鱼……苦志而越王抱冰。励俗而隐之披絮"。②

发生在冬季祭蜡的民间风俗有："索飨有戴纪之说。问贺有徐氏之仪。鸣楚鼓以逐疫。出土牛而应时"；与蜡相关的人物及事迹有："览魏台之访议。慕范乔之宽恕。识五伦之悲涕。长文有江源之政。何凤有建安之治。景兴慕子鱼之德。鲁公旄母师之礼"。③

总之，《事类赋》岁时部以赋的形式传递岁时民俗知识，多用典，无一句无出处。这一部分不外乎叙述各季的天象物候、政令，当季的传统节日风俗以及历史上各类人物在四季中的活动、事迹。而各季的天象物候在先秦月令文献中早有记录，风俗故事也多为历代史书中记录的以彰显忠、孝、仁义儒家思想的历史故事。《事类赋》的创新之处在于以赋的形式传递包括风俗在内的各类知识，对仗押韵、朗朗上口便于记诵，可视为学者自觉维护民俗传统的一种方式。

三 文献价值

作为一部类书，《事类赋》中的注是极具特色的一部分，经统计，

---

① （宋）吴淑：《事类赋注》，中华书局1989年版，第93—94、97—98页。
② （宋）吴淑：《事类赋注》，中华书局1989年版，第95—96页。
③ （宋）吴淑：《事类赋注》，中华书局1989年版，第98—99页。

《事类赋》卷四岁时部注释部分引用文献大约一百二十二种，引用次数较多的文献有《礼》（六三次）、《周礼》（十八次）、《淮南子》（十八次）、《汉书》（十四次）、《后汉书》（十次）、《荆楚岁时记》（九次）、《续汉书》（八次）、《史记》（九次）、《左传》（六次）、《尔雅》（六次）、《风土记》（六次）、《风俗通》（五次）、《西京杂记》（五次）、《世说》（七次）。

此外，还引用有《老子》《论语》《吕氏春秋》《前汉书》《续汉书》《邺中记》《国语》《楚辞》《尚书大传》《尚书考灵曜》《四时纂要》《史略》《易通统图》《齐民月令》《京房易占》《释名》《管子》《论衡》《玉烛宝典》《东观汉记》《括地图》《列子》《孝经勾命决》《孝经纬》《易说》《齐书》《晋书》《宋书》《梁书》《杂修养书》《鹖冠子》《晋书礼志》《景龙文馆记》《晋起居注》《东京赋》《归田赋》《古今艺术图》《明罚令》《曲水诗序》《兰亭序》《神农书》《华阳国志》《列女传》《春秋元命苞》《新言》《别录》《三日曲水诗序》《魏志》《竹林七贤论》《韩诗章句》《搜神记》《续搜神记》《夏统别传》《征西记》《三日篇》《永昌郡传》《语林》《晋阳秋》《穆天子传》《秋兴赋》《与吴质书》《抱朴子》《金赋》《出师表》《六韬》《鵩鸟赋》《拾遗记》《素问》《易通卦验》《寿阳记》《武昌记》《正论》《唐书》《历忌释》《困热赋序》《典略》《四民月令》《前书音义》《五行传》《春秋感精符》《月令占候图》《汉武帝内传》《舆地志》《列仙传》《酉阳杂俎》《续晋阳秋》《南齐书》《襄阳记》《姑熟记》《邹子》《高士传》《会稽典录》《太玄经》《符瑞图》《考异邮》《华阳国志》。

《四库全书总目》中记有："淑本徐铉之婿，学有渊源，又预修《太平御览》《文苑英华》两大书，见闻尤博。故赋既工雅，又注与赋出自一手，事无舛误，故传诵至今。观其《进书状》称'凡谶纬之书，及谢承《后汉书》、张璠《汉纪》《续汉书》《帝系谱》、徐整《长历》《玄中记》《物理论》，皆今所遗逸，而著述之家相承为用，不忍弃去，亦复存之'云云，则自此逸书数种外，皆采自本书，非辗

第三章 宋代类书中的岁时民俗部分

转掯扯者比，其精审益为可贵，不得以习见忽之矣。"[1] 认为《事类赋》中引录的很多文献皆采自原书，而非转引他书。经统计，《事类赋》岁时部注释部分引用文献与《太平御览》时序部所引文献有诸多重合。现以《事类赋》中涉及"寒食"的引用文献为例，将其与《太平御览》"寒食"中引用文献两相对比。

《事类赋》这一部分引用文献有：《玉烛宝典》《别录》《礼记》《周书·时训》《邺中记》《后汉书》《明罚令》。《太平御览》"寒食"下引用书目有：《荆楚岁时记》《邺中记》《玉烛宝典》《后汉书》《刑罚令》《汝南先贤传》《别录》《古今艺术图》《周书·时训》《嗣寒诗》《途中寒食诗》《岭表逢寒食诗》。表3-1将这两部分引用书目及内容两相比较，考察两者之间的重合度。

表3-1　《事类赋》与《太平御览》之"寒食"内容比较[2]

引用书目	《太平御览》	《事类赋》
《玉烛宝典》	《玉烛宝典》曰："寒食此节城市尤多斗鸡之戏。"	《玉烛宝典》曰：寒食节城市尤多斗鸡卵之戏
《别录》	刘向《别录》曰："寒食蹋蹴，黄帝所作本兵势也，或云起于战国。案：鞠与毱同。古人蹋蹴以为戏。"	刘向《别录》曰：寒食蹋鞠，黄帝所造，本兵势也，或云起于战国
《古今艺术图》	《古今艺术图》云："寒食秋千，本北方山戎之戏，以习轻趫者也。"	《古今艺术图》云：寒食秋千，本北方山戎戏，以习轻趫也
《时训》	《周书·时训》曰："清明之日，桐不华，岁有大寒，田鼠不化，国多贪残，虹不见，妇人乱色，戴胜不降桑，政教不平。"	榆火将然。《时训》曰：春取榆柳之火

---

[1] （清）纪昀等：《四库全书总目》，中华书局1997年版，第804页。
[2] 表3-1的内容引自（宋）李昉等《太平御览》，中华书局1985年版，第142—143页；（宋）吴淑《事类赋注》，中华书局1989年版，第71页。

续表

引用书目	《太平御览》	《事类赋》
《邺中记》	周举移书及魏武《明罚令》、陆翙《邺中记》并云：寒食断火起于子推。《琴操》所云子绥，绥即推也。又云五月五日与今有异，皆因流俗所传。据《左传》及《史记》并无介子推被焚之事。按《周礼》司烜氏仲春以木铎修火禁于国中，注云：为季春将出火也，今寒食准节气是仲春之末，清明是三月之初，然则禁火盖周之旧制	陆翙《邺中记》曰：寒食断火起于子推，据《左传》《史记》并无介推被焚之事，《周礼》司烜仲春以木铎修火禁于国中。注：季春将出火也。今寒食准节气是仲春之末，清明是三月之初，然则禁火盖周之旧制
《后汉书》	范晔《后汉书》曰：周举迁并州刺史，太原一郡旧俗以介子推焚骸有龙忌之禁，至其月咸言神灵不乐举火，举移书于子推庙云：春中寒食一月，老小不堪，今则三日而已	《后汉书》曰：周举迁并州刺史，太原旧俗以介推焚骸有龙忌之禁，乃移书子推之庙，于是众惑稍解。注云：龙，星，木之位也，春见东方。心为大火，惧火之盛，故为之禁火。俗传子推以此日被焚而禁火
《明罚令》	魏武帝《明罚令》曰：闻太原上党，西河，雁门冬至后百有五日皆沍寒之地，老少羸弱，将有不堪之患，令人不得食寒，若犯者，家长半岁刑，主吏百日刑，令长罚一月俸	魏武帝《明罚令》曰：闻太原上党，西河，雁门冬至后百有五日皆禁火，云为介推，且子胥沉江未有绝水之事，今沍寒之地，老少羸弱，将有不堪之患，令人不得寒食，若犯者，家长半岁刑，主吏百日刑，令长夺一月俸

从表3-1可看出，关于寒食这一部分，两书不仅引用书目80%重合，而且引用内容也几乎完全相同。更值得注意的是关于寒食的起源问题的分析，两部书都引用了《邺中记》《左传》《史记》《周礼》的相同内容，引用文献完全一致，且对寒食起源问题的分析、思路也

完全一致，即认为寒食断火不是源于子推，而是因为季春时节容易起火，寒食正处于仲春季春之交，因此而禁火，这是自周代就流传的习俗。在此，笔者关注的重点并不是《事类赋》多大程度上参考了《太平御览》，而是注意到节日的文献阐释对节日传承的重要性。《事类赋》《太平御览》可以被看作宋人尊经重学的产物，其中的岁时民俗记录也可被视为节日文化理性化的呈现。节日习俗不仅通过民众的生活代代相传，历代学者对节日的文字记录以及通过代代相袭的文献对节日加以阐释，也是中国传统节日习俗得以传承的缘由之一。通过历史生活的沿袭，以及历代学者的文字记录及代代相袭的节日阐释，中国传统节日才作为一种文化记忆渗透在文献及民众的意识中。

第三节 《事物纪原》中的岁时民俗部分

《事物纪原》明刊本作《事物纪原集类》《新刻事物纪原》。全书分天地生植、正朔历数、帝王后妃、嫔御命妇、朝廷注措、岁时风俗等部，并不是泛泛罗列资料，而是刻意探寻事物之始，征引能够说明子目之始的材料。明代南昌人阎敬在《事物纪原·序》中写道："盈天地之间唯万物，亘古今有事变焉。物有万殊，事有万变，而一事一物，莫不有理，亦莫不由原。不穷其理，则无以尽吾心之知；不究其原，又曷从而穷其理哉？……此《事物纪原》之所由作也。"[1] 道出了此书的创作特点。

一 《事物纪原》的作者

《事物纪原》的作者，《四库全书总目》卷一百三十五子部有如是说明："明正统南昌阎敬所刊，前有敬序云：作者佚其姓名。考赵

---

[1] （宋）高承：《事物纪原》，中华书局1989年版，第1页。

希弁《读书附志》云：《事物纪原》十卷，高承撰。承，开封人，自博弈嬉戏之微，鱼虫飞走之类，无不考其所自来，双溪项彬为之序。陈振孙《直斋书录解题》亦云：《中兴书目》作十卷，高承撰，元丰中人，凡二百十七事。今此书多十卷，且多数百事，当是后人广之耳云云。则此书实出高承，敬序盖未详考，惟检此本所载凡一千七百六十五事，较振孙所见更数倍之，而仍作十卷，又无项彬原序，与陈赵两家之言俱不合，盖后来又有所增益，非复宋本之旧书，凡分五十五部，名目颇为冗碎，其所考论事始亦闲有未确。"① 可知，关于《事物纪原》的作者有两种说法，一种说法否定《事物纪原》为高承所撰，如阎敬在《事物纪原·序》中所言，认为其作者逸，姓名不可考。当代学者张志和也认为《事物纪原》成书于宋代以后，因《事物纪原》中多次引用《宋朝会要》，而《宋朝会要》一般为后代人对此书的称谓，宋代人一般称此书为《国朝会要》或《会要》。② 另一种说法则是大部分学者所认同的，即《事物纪原》的原初作者为高承，但后世载一千七百六十五事的版本，非宋本，为后人所扩展。此处，我们认同后者的说法。

二 《事物纪原》风俗部的体例及内容

1. 《事物纪原》风俗部的体例

《事物纪原》卷八为岁时风俗部，这一部分设有四十三个标目：土牛、春幡、彩燕、桃版、桃符、钟馗、搥粪、画鸡、书簟、爆竹、彩花、彩胜、观灯、放灯、放夜、紫姑、祓禊、教池、子推、寒食、秋千、禁火、拜扫、破散、蚕市、纸鸢、竞渡、艾人、五彩、百索、綵符、遗扇、乞巧、穿针、盂兰、水陆、菊酒、登高、药市、赛神、设浴、驱傩、文身。每一条目都是以特定季节节日中具有代表性的活动、事物或人物为标题。正文对这些事象起源进行探讨。值得关注的是《事物纪原》并没有如同《太平御览》一样将天文历法类的概念

---

① （清）纪昀等：《四库全书总目》第 920 册，中华书局 1997 年版，第 200 页。
② 张志和：《〈事物纪原〉成书于明代考》，《东方论坛》2001 年第 4 期。

以及传统节气节日与节日民俗统一归纳时序部,而是专设"正朔历数部第二",囊括一些天文历法的概念如甲子、岁、正、闰、月朔、八节、气候,一些传统的较为重要的节气节日如人日、中和、伏日、冬至、贺正、腊日,以及宋代特有的一些官方节日如天庆、天祺、天贶、先天、降圣。作者很明显有将天文历法概念与岁时民俗概念分开的意识。

对比此前的岁时民俗文献,除《荆楚岁时记》是以一年四季节日活动事象为标题,其余不论是岁时民俗专著如《玉烛宝典》《岁华纪丽》《岁时广记》,还是类书如《艺文类聚》《初学记》《太平御览》《事类赋》中的时序部分,其体例大都是以时间为序,以季节、节气节日为标题,标题下罗列与季节、节气、节日活动相关的文献内容,将天文历法、季节节气、人文节日内容紧密融合在一起。《事物纪原》岁时风俗部则是以节日事象为标题,将民俗节日从季节时序中剥离开来,更多地关注节日的社会内容,探讨节日活动的起源,凸显节日的社会性、人文性、历史性。

虽然都是以节俗事象为标题,但现存《荆楚岁时记》为后人结合各方资料辑佚而成,标目也是由后人编订,作者本意已不可寻。且从内容上看,《荆楚岁时记》主要描述南朝荆楚地区的节日习俗,具有宣扬区域文化的时代意义。《事物纪原》岁时风俗部也有对节日内容的现实关注,但更多的是对节日内容的历史探源和考辨,因此具有辞书性质。

2. 《事物纪原》岁时风俗部的内容及行文特色

《事物纪原》岁时风俗部以事象为标题为我们展现了宋代一年四季节庆节日中的代表性活动、事物和人物,并对这些事物、现象进行探源。但在探源过程中,叙述方式又略有不同,具体而言,其表述方式大致可分为三种模式。

(1)引用作者认为能说明事象源头的文献资料,并在末尾联系实际节日内容,对事象源头作判断总结,可以称为"历史源头+现实判断"的模式如"桃版"标目下，通过《玉烛宝典》《山海经》中的相关内容说明元日挂桃版，书郁垒、神荼的原因，"《玉烛宝典》曰：元日施桃版著户上，谓之仙木，以郁垒山桃百鬼畏之故也。《山海经》曰：东海度朔山有大桃树，蟠屈三千里，其卑枝门东北曰鬼门，万鬼出入也。有二神，一曰神荼，一曰郁垒，主阅领众鬼之害人者。于是黄帝法而象之，殴除毕，因立桃版于门户上，画郁垒以御凶鬼"。最后得出结论，宋代节日习俗中元日立桃版，画神像，书神荼、郁垒是为了驱邪，这一做法起源于黄帝，"此则桃版之制也，盖其起自黄帝，故今世画神像于版上，犹于其下书'右郁垒左神荼'，元日以置门户间也"①。除"桃版"外，《事物纪原》岁时风俗部还有大量标目是此种叙述模式，见表3-2。

表3-2　《事物纪原》中"事象源头+判断总结"模式的标目②

标目	事象源头（原因）	判断总结
桃符	《淮南子·诠言训》曰：羿死于桃棓。许慎注云：棓，大杖，以桃为之，以击杀羿。由是以来，鬼畏桃	今人以桃梗作杙，岁旦植于门，以辟鬼，由此故也
画鸡	董勋《问礼》曰：正月一日为鸡，二日狗，三日羊，四日猪，五日牛，六日马，七日人	正旦画鸡于门，七日贴人于帐，为此也
画鸡	《拾遗记》曰：尧在位七年，祇及国献重明鸟，状如鸡，或一岁数来，或数岁一来，国人莫不扫洒门户以望其来，或刻金宝为其状，置户牖间，则鬼类自伏	今人每岁元日，刻画为鸡于户上，盖其遗像也
搊粪	《录异传》曰：欧明遇彭泽青洪君，君有婢名如愿，君使随明，明意有所愿，如愿辄得之。成富人后，不复爱如愿。正月岁朝鸡初鸣，呼之不即起，欲搊之。愿走粪上，乃故岁扫除所聚者，由此逃去。明谓在积壤中，以杖搊粪使出，知不可得，因曰：汝富我，不复搊汝也	今人元日鸡鸣时，辄往积壤间搊之，云使人富。盖起自欧明也。今京东之俗犹然

---

① （宋）高承：《事物纪原》，中华书局1989年版，第426页。
② 表3-2所引内容，皆出自（宋）高承《事物纪原》，中华书局1989年版，第425—440页。

第三章　宋代类书中的岁时民俗部分

续表

标目	事象源头（原因）	判断总结
书㠍	《酉阳杂俎》曰：俗好于门上画虎头，书㠍字，谓阴府鬼神之名，可息疟疠也。段成式《读汉旧仪》，说傩逐疫鬼，立桃人，苇索，苍耳，虎头等。㠍盖苍耳也。然则其说汉事也。张续《宣室志》曰：裴㠍隐居伊水，时有道士李君善视鬼，尝见㠍于伊上。大历中，寄书博陵崔公曰："当今制鬼，无过㠍。"	是时朝士咸书㠍字题其门，自此始
彩花	《实录》曰：晋惠帝令宫人插五色通草花。汉王符《潜夫论》已讥花采之费。晋《新野君传》：家以剪花为业，染绢为芙蓉，捻蜡为菱藕，剪梅若生之事 《岁时记》则云：今新花谢灵运所制，疑采花也。唐中宗景龙中，立春日出剪采花。又四年正月八日立春令侍臣迎春，内出采花，人赐一枝	按此则是花朵起于汉，剪采起于晋矣。则立春之赐花自唐中宗始也
观灯	《唐书·严挺之传》：睿宗先天二年正月望夜，胡人婆陀请燃百千灯，因弛门禁，帝御延熹、安福门纵观	此天子御楼观灯之始也
放灯	《史记乐书》曰：汉帝以正月上辛祀太一甘泉，以昏时祀到明	徐坚谓，今人正月望夜游观灯，是其遗事
祓禊	《韩诗》曰：三月桃花水下之时，郑国之俗，以上巳于溱、洧之上，执兰招魂续魄，祓除不祥。沈约《宋书》曰：魏已后，但用三日，不复用巳也。《岁时记》：按《周礼》，女巫有岁时祓除之事，郑注云：今上巳水上之类。又《论语》：暮春者，春服既成，浴乎沂，风乎舞雩	谓水滨祓除由来远矣，盖周典也，今岁三月西池之游，其遗事尔
教池	辛氏《秦记》曰：昆明池，汉武帝立之习水战	则是教池之事，略见于此矣，亦竞渡之遗意也

续表

标目	事象源头（原因）	判断总结
破散	《五代会要》曰：奉先之道，无寒食野祭之礼。近代庄宗每年寒食出祭，谓之破散	则今人有破散之语，自后唐庄宗始也
蚕市	《仙传拾遗》曰：蜀蚕丛氏王蜀，教人蚕桑，作金蚕数千，每岁首出之，以给民家。每给一，所养之蚕必繁孳，罢即归于王，王巡境内，所止之处，民成市	蜀人因其遗事，每年春有蚕市也
五彩	《风俗通》曰：五月五日，以五彩丝系臂，辟鬼及兵，令人不病瘟。又曰：示妇人蚕功成也。《续齐谐记》曰：屈原五月五日投汨罗死，楚人哀之，每至此日，以竹筒贮米投水祭之。汉建武中，长沙区回忽见一士称三闾大夫，曰：见祭甚善，但常年所遗，为蛟龙所窃。今若有惠，以楝叶塞筒，五彩线缚之，此二物蛟龙所惮	故世人五月五日作粽，并五彩线及楝叶，皆汨罗遗风也
遗扇	《唐会要》曰：贞观十八年五月五日，太宗谓长孙无忌、杨师道曰：五日旧俗，必用服玩相贺，今朕各遗卿飞白扇二枚，庶动清风，以增美德	推旧俗之语，则知端午之以扇相遗，自唐太宗始也
乞巧	吴均《续齐谐记》曰：桂阳成武丁有仙道，忽谓其弟曰：七月七日，织女当渡河，暂旨牵牛。至今云：织女嫁牵牛。周处《风土记》曰：七夕洒扫于庭，施几筵，设酒果，于河鼓织女言，二星神会，乞富寿及子。《岁时记》曰：七夕，妇人以彩缕穿七孔针，陈瓜花以乞巧	则七夕之乞巧，自成武丁始也
穿针	《西京杂记》曰：汉采女常以七月七日夜，穿七孔针于开襟楼	今七夕望月穿针以彩缕过者，为得巧之候，其事盖始于汉
菊酒	《西京杂记》曰：戚夫人侍儿贾佩兰，后出为段儒妻，说在宫内时，九月九日，佩茱萸，食蓬饵，饮菊花酒，云令人长寿	菊花舒时，并采茎叶，杂黍米酿之，至来年九月九日始熟焉，谓之菊花酒。马镃谓自后汉桓景始也

续表

标目	事象源头（原因）	判断总结
登高	《续齐谐记》曰：汉桓景随费长房学，谓曰：九月九日，汝家当有灾厄，急令家人作绢囊，盛茱萸，悬臂登登高山，饮菊花酒，祸乃可消。景率家人登山，夕还，鸡犬皆死。房曰：此可以代人	则九日登高始于桓景
设浴	《俗缘记》曰：《譬喻经》云：佛腊月八日降伏六师，投佛请死，言佛以法水洗我心垢，今我请僧洗浴以除身积，乃为常缘	则设浴之事，西域旧俗也，亦今腊月灌佛之始

表 3-2 中的标目都是通过资料溯源，并在末尾与现实相关联，确定现实节日活动内容的来源。虽然探寻的源头不一定正确，但从表述模式来看大致都是"历史源头+现实判断"的模式。

（2）有些标目的叙述模式是纠正一些俗传在流传过程中形成的谬误，末尾都有一句如"谬至于此也"的总结

如标目"子推"下：

> 故俗每寒食前一日谓之炊熟，则以面为蒸饼样，团枣附之，名为子推，穿以柳条，插户牖间。相缘云介子推逃禄，晋文公焚山求之，子推焚死。文公为之寒食断火，故民从此物祀之，而名子推。相传之谬至于如此也。①

标目"禁火"下：

> 《邺中记》曰：旧云寒食断火，起于介子推，《左氏》《史记》不见子推被焚之事。按《周礼·司烜》，仲春以木铎修火禁于国中。注谓季春将出火。今寒食推节气是中春末，清明是三月

---

① （宋）高承：《事物纪原》，中华书局 1989 年版，第 432 页。

初。然则亦周人出火之事也。后汉周举迁并州太原，旧俗以介子推焚骸，一月断火。举移书庙云：寒食一月，老小不堪，今则三日而已。自汉以来讹谬已若此也。①

这两处都说明了，禁火并不是为纪念介子推被焚，而是因为春季容易着火，为防止起火，而禁火。这样一来，俗传将寒食前一日所做食物名为"子推"以纪念子推被晋文公所焚，此种说法也不能成立了。

还有标目"盂兰"："今世每七月十五日，营僧尼供，谓之盂兰斋者，按《盂兰经》曰：目连母亡，生饿鬼中，佛言须十方众僧之力，至七月十五日，具百味五果以著盆中，供养十方大德。后代广为华饰，乃至割木割竹，极工巧也。今人弟以竹为圆架，加其首以荷叶，中贮杂馔，陈目连救母画像，致之祭祀之所，失之远甚矣。"② 指出了时人盂兰节的广为华饰有违《盂兰经》中目连救母的最初意愿。

（3）有些标目通过转述文献中相关内容，再结合事象在当今的发展状态以呈现出该事象历史发展的源头及现状

如标目"钟馗"："开元中明皇病痁，居小殿，梦一小鬼，鞹一足，悬一履于腰间，窃太真紫香囊及拈玉笛吹之，颇喧扰，上叱之，曰：臣虚耗也。上怒，欲呼武士，见一大鬼，顶破帽，衣蓝袍，束角带，径捉小鬼，以指刓其目擘而啖之。上问为谁，对曰：臣终南进士钟馗也。因应举不捷，触殿阶而死，奉旨赐绿袍而葬，誓除天下虚耗妖孽。言讫觉而疾愈，乃诏吴道子图之。上赏其神妙，赐以百金，是以今人画其像于门也。沈括《笔谈》曰：岁首画钟馗，不知起自何时。皇祐中，金陵发一冢，有石志云乃宋宗懿母郑夫人，云有妹馗。钟馗之设远矣。"③ 通过俗传说明今人帖钟馗像于门上是为了除鬼辟邪，但并未明确引用文献。

---

① （宋）高承：《事物纪原》，中华书局1989年版，第433页。
② （宋）高承：《事物纪原》，中华书局1989年版，第437页。
③ （宋）高承：《事物纪原》，中华书局1989年版，第427页。

标目"药市"也是如此:"唐王昌遇,梓州人,得道,号易玄子。大中十三年九月九日上升。自是以来,天下货药辈,皆于九月初集梓州城,八日夜于州院街易玄龙冲地,货其所赍药,川俗因谓之药市,迟明而散。逮宋朝天圣中,燕龙图肃知郡事,又展为三日,至十一日而罢。是则药市之起,自唐王昌遇始也。有碑叙其本末甚详。"① 通过描述俗传,展现梓州城九月药市的产生过程。

文身:"今世俗皆文身,作鱼龙飞仙鬼神等象,或为花卉文字。旧云起于周太王之子吴太伯,避王季历而之句吴,断发文身以象龙子避蛟龙之患。而《史记·越世家》言:夏后帝少康之庶子,封于会稽,文身断发,披草叶而邑。证此,则是兹事为始于帝少康之子,因知文身断发之为吴越俗也,旧矣。"② 通过转述两种说法,得出文身断发为吴越旧俗,为避蛟龙之患,且始于帝少康之子的结论。

教池:"辛氏《秦记》曰:昆明池,汉武帝立之习水战。则是教池之事,略见于此矣,亦竞渡之遗意也。宋朝太祖建隆间,即都城之南,凿讲武池,始习水战,将有事于江南也。及太宗兴国中,得吴越钱氏龙舟,七年疏国城西,开金明池,于是每岁二月教池,遂为故事。"③ 指出教池之事始于宋太祖、太宗时期,为习水战而设。

3.《事物纪原》岁时风俗部叙述模式形成的原因及对后世的影响

《事物纪原》岁时风俗部独特的分类及叙述模式,在中国历史民俗文献的长河中独树一帜。但《事物纪原》独特的叙述方式也并非无源之水,是宋代特殊社会思想文化浸染的结果也是对前代相关书籍吸收借鉴的结果。

(1) 宋代特有的探索义理关注现实的学术思维

宋代思想文化活跃,学者们纷纷著书立说,都突破前代儒家寻章摘句的思维模式而向义理深处探索,但对现实关注的程度不尽相同。

唐代以前的儒家们对经书的注释承袭了汉代传统章句之学,而宋

---

① (宋)高承:《事物纪原》,中华书局1989年版,第438页。
② (宋)高承:《事物纪原》,中华书局1989年版,第440页。
③ (宋)高承:《事物纪原》,中华书局1989年版,第431页。

代学者以自己独特的思维方式解读儒家经典。宋学是儒释道三家的学说，学者们既从佛道两家摄取义理和心性修养方面的养料，又继承了儒家经世致用的原则。

《事物纪原》追本溯源的思路及其中蕴含的思辨色彩都与宋代尤其是南宋盛行的理学格物致知思想紧密相关。理学思想认为天地万物莫不有理，莫不有原。不究其原，无以穷其理，不穷其理，无以致其知。这种理学思想深深影响了南宋士子著书立说。明成化八年，李果撰《事物纪原序》曰："予惟醉经饫史，士子恒业，多闻多见，儒家所尚。然非格物致知以穷其理，广求博采以资其学，将见闻见孤寡，遇事执迷，接谈有及，未免左右言他，束手忸怩，不能为世之有无也。是书诚多闻多见之捷径，格致穷理之蓍龟。学者苟能熟读潜玩，溯流寻源，则涉猎酬对，泛应曲当，无所不可矣。"① 也指明了《事物纪原》带有格致穷理的特点。

（2）学术思维的转变与教育方式紧密相关

宋代的科举考试制度更为完善，科举考试有测试举子对文史经典背诵能力的诸科；也有测试举子创作诗文能力的进士科。宋代知识分子并不太看重死记硬背的考试，认为这种考试不能显示考生真正的才华，宋人所看重的是通过"文"所体现的考生的个人学识、对事物的看法、见解。

在以上所言及的学术思维及教育风气的影响下，学者们不断为各种经典进行私人的诠释（从《春秋》开始），力求在儒学思想上有所突破。宋代知识分子希望能依照对自己具有意义的方式诠释经典。这种教育方式及思维方式对宋代学者的学术思维有极大影响。

（3）对前代书籍叙述模式的借鉴

《事物纪原》探源性的叙述模式与前代相关书籍的叙述模式也有千丝万缕的联系，如梁代任昉的《文章缘起》。《文章缘起》主要是对84种文章体裁进行溯源，如三言诗、四言诗、五言诗、六言诗、

---

① （宋）高承：《事物纪原》"序"，中华书局1989年版。

第三章 宋代类书中的岁时民俗部分 　　141

七言诗、九言诗、赋、歌、离骚、诏、策文、表、让表、上书、书、对贤良策、上疏、启、奏记，等等。但《文章缘起》的叙述内容非常简短，只是列出每种体裁最初的作者作品或最有代表性的作者作品，缺乏对体裁形成过程的叙述和分析。如"三言诗，晋散骑常侍夏侯湛所作……四言诗，前汉楚王傅《韦孟谏楚夷王戊诗》……五言诗，汉骑都尉李陵《与苏武诗》……六言诗，汉大司农谷永作……七言诗，汉武帝《柏梁殿联句》……九言诗，魏高贵乡公所作……赋，楚大夫宋玉所作……歌，荆卿作《易水歌》……离骚，楚屈原所作……表，淮南王安《谏伐闽表》……上书，秦丞相李斯上《始皇书》……上疏，汉中大夫东方朔"①。但这种探源的意识在《事物纪原》中是明显存在的。

　　《事物纪原》的叙述模式对后代书籍的撰写也有很大影响，明代王三聘的《古今事物考》、朱权的《原始秘书》、徐炬的《新镌古今事物原始》、赵钛的《古今原始》都是对事物探源性的书籍。现以《古今事物考》为例，分析其中部分内容。《古今事物考》有八卷，卷一包含有时令，时令下包含标目有：正月、贺正、春牛、戴燕贴字、幡胜、春盘、春花、屠苏、桃符、钟馗、画鸡、爆竹、花胜、观灯、送穷、中和、寒食、拜扫、破散、风筝、秋千、祓禊、流杯、粽子、百索、竞渡、遗扇、悬艾、伏、乞巧、盂兰、玩月、登高、暖炉、贺冬、腊、守岁、月恶、月忌。现列举条目如下：

　　正月：夏正建寅，《易·说卦》云：帝出乎震，则正自伏羲始也。秦始皇讳政，故音从征。

　　春花：唐中宗令侍臣迎春，内出彩花，人赐一枝。今迎春簪花本此。

　　钟馗：《唐逸史》曰：武德中，终南进士钟馗落第，触阶而死，赐绿袍以葬，感恩，誓除虚耗鬼。后明皇梦之，召吴道子，如梦画一钟馗，衣蓝衫，鞹一足，眇一目，腰一笏，巾裹而蓬发垂鬓，左手捉

---

① （清）纪昀等：《文渊阁四库全书》第1478册，台湾商务印书馆1986年版，第205—211页。

一鬼，右手剜鬼眼睛，擘而啖之。故今画钟馗像贴于门。

花胜：东方朔《占书》：一日鸡，二日犬，三日猪，四日羊，五日牛，六日马，七日人，八日谷，其日晴则主物育，阴则灾。晋贾充夫人剪彩为花胜，或镂金薄为人，象瑞图之形，是人日起于汉而彩胜起于晋也。

观灯：汉望日祠太乙，自昏至明，今上元夜游观灯，是其遗迹。唐敕金吾弛禁，许三夜士女游行，谓之放夜，宋增十七、十八为五夜。[①]

每个标目下都对事象溯源，叙述方式上与《事物纪原》有相似之处，但标目将节日节气与节俗混杂在一起，不似《事物纪原》岁时风俗部将季节、节气和节俗内容截然分开，且叙述模式没有形成统一鲜明的风格。

总体来看，这三部类书岁时民俗部分的书写特点在某种程度上也是三部类书自身的书写特点。《太平御览》时序部的书写特点在于布局宏大，资料丰富，具有较高的文献价值。

《事类赋》岁时部的书写特点在于它是一部赋体类书，以赋加注的形式向读者展示一年四季的节俗，这种形式的类书不仅有利于考生记诵儒家经典，还可使读者领略到文学作品的艺术魅力，在诵读中记住乏味的知识和典故，开创类书编撰的新模式。

《事物纪原》岁时风俗部的书写特点在于它强烈的民俗色彩以及特有的叙述方式。《事物纪原》将历法与民俗分列在不同的卷中。在叙述方式上也是有的放矢，直接寻求所述事象的源头，适当与当代现状作一比较，辨别流传过程中的谬误，而非围绕某一事象发散性的罗列资料。

内容方面，三部类书中的岁时民俗部分主要阐释中国古代历法、节日的确立、节日风俗的源头及具体内容。虽然叙述模式各异，引用书目却是大同小异，对节日及节俗的阐释基本呈现从注重天人关系转

---

① （明）王三聘：《古今事物考》，上海书店1987年版，第9—10页。

向注重人人关系的一个过程。

　　文献中关于物候的叙述显示出中国古人对大自然的关注,关于季节节气和季节政令的叙述则显示,中国古人通过观察天象物候,掌握大自然运动变化的规律,依此规律限定人的活动,这是最初的天人关系。《太平御览》时序部对天象物候、季节节气的描写,以及《事类赋》关于四季物候的描写,更多地呈现自然对人的制约,可说是对天人关系的某种阐释。其中,对天象物候的描绘和四季政令的记录在《夏小正》和《礼记·月令》等先秦文献中已然存在。后世文献对上述内容一次次地重复引用,将这种天人关系深烙于人的意识中。文献中的节俗部分记录历代民众在特定时间中的生活习惯,这种习惯的形成缘于人与天的互动,也源于人与人的互动。

　　如关于"寒食"这一节日,《事类赋》是这样记录的:

　　　　古有司烜之禁,俗有介推之言。陆翙《邺中记》曰:寒食断火,起于子推,据《左传》《史记》并无介推被焚之事。《周礼》:司烜,仲春以木铎修火禁于国中。注:季春将出火也。今寒食准节气是仲春之末,清明是三月之初,然则禁火盖周之旧制。①

　　至迟在西晋,寒食在民间流传最广的说法是,为了纪念介子推被焚烧而死而断火三日。但在《左传》《史记》中并无介子推被焚一事。《周礼》中记录司烜仲春禁火,是因为季春时节容易起火。那么寒食禁火这一习俗最初是为应对自然变化而形成的,这应是天人关系的呈现。到了西晋,寒食禁火则演变为对忠义之臣的纪念,此种节日阐释带有一定意识形态意味,是人类社会中人与人关系的呈现。

　　又如《事物纪原》中对"中和节"的阐释,"《唐会要》曰:'贞元五年正月十一日敕:四序嘉辰,历代增置,汉宗上巳,晋纪重阳。

---

① (宋)吴淑:《事类赋注》,中华书局1989年版,第71页。

朕以春方发生，候维仲月，句萌悉达，自今以二月一日为中和节。'"汉代重视上巳、晋重视重阳，唐代设二月一日为中和节，以中和节代替晦日。这是依据自然与人之关系人为设置的节日。又如，"遗扇"中对端午遗扇习俗的阐释，唐太宗端午赐长孙无忌、杨师道飞白扇二枚，"庶动清风，以增美德"①。很显然，端午遗扇习俗的形成与自然无甚关联，传输的是人类社会的某种美德，呈现的是人与人之间的关系。

"三日曲水"也能呈现节日阐释由注重天人关系转向注重人人关系。《续齐谐记》中记有晋武帝对"三日曲水"的习俗提出疑问，挚虞和束皙给出了不同的解释。挚虞解释说："汉章帝时平原徐肇以三月初生三女，至三日而俱亡，一村以为怪，乃相携之水滨盥洗，因水以泛觞，曲水之义起于此也。"民众以曲水驱除不祥。此一阐释更贴近民众生活。束皙对此的阐释则是："昔周公城洛邑，因流水以泛酒，故逸诗云：羽觞随波。又秦昭王三日置酒河曲，见有金人出捧水心剑曰，令君制有西夏。及秦霸诸侯，乃因此处立为曲水，二汉相缘皆为盛集。"② 这一阐释更能迎合君主建功立业，喜好佳事的心理。因此，束皙受赐百金，挚虞遭贬谪。

以处理好人人关系作为节日诞生的主要依据，意味着人们的关注重点从大自然转向人类自身，从在大自然的淫威下谋求生存，转向关注人类自身对赏心乐事的喜好。这是人类节日发展的一个转折点。

---

① （宋）高承：《事物纪原》，中华书局1989年版，第11、436页。
② （宋）李昉等：《太平御览》，中华书局1985年版，第143页。

第四章

岁时民俗专著《岁时广记》

《岁时广记》是一部私人撰写的具有类书性质的岁时民俗专著，收辑了较为详备的节日节气资料。同样是私人撰写的《事类赋》和《事物纪原》，仅限于"岁时民俗"部分涉及节气节日，字数不过几千字，其所引用的相关资料，不可与《岁时广记》整部书16万字的内容同日而语。朱鉴在为《岁时广记》所作序中高度评价了此书："有天之时人之时，寒暑之推迁，此时之运于天者也，历书所载，盖莫详焉，至于因某日而载某事，此时之系于人者，端千绪万，非托之记述，则莫能探其原委耳。噫，庆道长于一阳之生，谨履端于一岁之始，是盖天事人事之相参，尤有可据，彼仲夏之重五，季秋之重九，岂天之气候然也，而人实为之，使微考订，孰知竞渡之繇楚灵均，登高之因费长房乎？引类而伸，若此者众。虽然，《荆楚岁时》之所记善矣，惜乎失之拘也，秦唐岁时之所记多矣，惜乎未之备也，今南颖陈君蒐猎经传，以致野史异书，凡有涉于节序者，萃为巨帙，殆靡一遗，仰以稽诸天时，俯以验之人事。题其篇端曰：《岁时广记》。"[1]《岁时广记》卷帙宏大，体例完备，内容丰富，且具有较高的文献价值。

---

[1] （宋）陈元靓：《岁时广记》"序"，中华书局1985年版。

第一节 《岁时广记》的作者和版本

一 作者陈元靓

《岁时广记》作者为陈元靓，《四库全书总目》对陈元靓的记录有："元靓不知其里贯，自署曰'广寒仙裔'，而刘纯作后序，称为'隐君子'，其始末亦未详言，莫之考也，书前又有'知无为军巢县事朱鉴'《序》一篇，鉴乃朱子之孙，即尝辑《诗传遗说》者，后仕至湖广总领。元靓与之相识，则理宗时人矣。"①

刘纯为《岁时广记》所作的序，是这样描绘陈元靓的："龟峰之麓，梅溪之湾，有'隐君子'，广寒之孙，涕唾功名，金玉篇籍，采九流之芳润，撷百氏之英华，辅以山经海图，神录怪牒，穷力积念，萃成一书，目曰《岁时广记》。"② 陈元靓生于或是居住于"龟峰之麓，梅溪之湾"，是广寒的孙辈，性格方面是不好功名，好读书。关于"广寒"是为何人，陆心源在《重刊足本〈岁时广记〉序》中提道："广寒先生姓陈氏，不知其名，福建崇安人。陈希夷弟子，后尸解，墓在建阳县三桂里水东源。崇安有仙亭峰、白塔、仙洞，皆以广寒得名。子逊，绍圣四年进士，官至侍郎，尝构亭于墓所，名曰望考。后朱子尝居其地，故学者又称曰考亭先生。元靓，盖逊之裔也。"③ 也就是说陈元靓为广寒先生之后裔，祖籍福建崇安，主要生活在南宋年间。胡道静先生进一步通过《崇安志》材料证实了这一观点，并更加细致地证实了陈元靓为福建崇安五夫里人。他说："崇安县东乡五夫里有龟山；又有西坑岭，为梅溪之源。梅溪西南流入崇溪，崇溪即崇安之主流也。因此知道陈元靓是崇安五夫里人。又，靓

---

① （清）纪昀等：《四库全书总目》，中华书局1997年版，第920页。
② （宋）陈元靓：《岁时广记》"序"，中华书局1985年版。
③ （宋）陈元靓：《岁时广记》，中华书局1985年版，第1页。

祖广寒先生仙亭峰胜迹亦在五夫里。"①

朱鉴在序中说:"予惟陈君尝编《博闻三录》,盛行于世,况此书赅而不冗,雅而不俚,自当与并传于无穷。"可知在《岁时广记》之前,陈元靓还撰有《博闻录》,但此时《事林广记》应该还未问世。陆心源也提到过除《岁时广记》外,陈元靓"所著尚有《博闻录》《事林广记》。《广记》余有永乐刊本,《博闻录》见《绛云楼书目》,今不传,惟见于此书所引而已"②。胡道静则进一步考证出陈氏的三大著作按照创作时间的先后顺序依次是《博闻录》《岁时广记》《事林广记》。

二 《岁时广记》的版本

《岁时广记》成书后很长一段时间并没有引起学界的重视,宋代私人藏书家的藏书目录并没有收录此书,《宋史·艺文志》中也没有关于《岁时广记》的记载。明代中后期,晁瑮《晁氏宝文堂书目》卷中类书类始有《事林广记》《岁时广记》之目。原书早已亡佚,现流传于世的多为明清的抄本或清代的刻本,主要有四卷本和四十卷本。

1. 四卷本

明万历三十年,徐𤊹《徐氏家藏书目》卷一经部礼类,著录陈元靓《岁时广记》四卷;次年(1603)胡文焕《格致丛书》收有《岁时广记》四卷,图说一卷。徐氏所录和胡氏所刻是目前所知最早的四卷版本。明末清初黄虞稷《千顷堂书目》卷九时令类补录有陈元靓《岁时广记》四卷,清初曹溶的《学海类编》集余五所记载的也是四卷本,但没有图说。钱曾《读书敏求记》,前列图说,分四时为四卷,《四库全书》所收录的也是四卷本。

2. 四十二卷本也称为四十卷本

《天一阁书目》中所记载的大概是最早的四十二卷本《岁时广

---

① 胡道静:《中国古代典籍十讲》,复旦大学出版社2004年版,第160—161页
② (宋)陈元靓:《岁时广记》"序",中华书局1985年版。

记》。《天一阁书目》卷二史部时令类载有："《岁时广记》四十二卷，存四十卷，宋陈元靓编。明乌丝栏钞本，四册，存首卷，卷一至四，六至四十，四十二。"[①] 此后众多藏书家所藏四十卷本《岁时广记》都来自范氏天一阁藏本。

瞿镛的《铁琴铜剑楼藏书目录》对《岁时广记》四十二卷抄本介绍如下："广寒仙裔陈元靓编。前有刘纯、朱鉴序。书凡四十卷，前列《图说》一卷，后有《总载》一卷，是书世所传本仅有四卷，即《敏求记》所载'前列《图说》，分四时为四卷'者。而曹倦圃辑《学海类编》，则并其《图说》佚之矣。此仁和胡君珽藏本，借得朱述之司马本钞出。朱本出自天一阁范氏，案：前四卷仅总载四时之景，以下皆分载良辰令节：五、六、七卷为元旦，八卷为立春，九卷为人日，十至十二卷为上元，十三卷为月晦、中和节，十四卷为二社日，十五、十六卷为寒食，十七卷为清明，十八、十九卷为上巳，二十卷为佛日，廿一至廿三卷为端午，廿四卷为朝节（夏至）、天贶节（六月六日），廿五卷为三伏节、立秋，廿六至廿八卷为七夕节，廿九、三十卷为中元节，三十一至三十三卷为中秋，三十四至三十六卷为重九，三十七卷为小春、下元，三十八卷为冬至，三十九卷为腊日、交年节（十二月廿四日），四十卷为岁除。皆采宋以前子史中典故，搜录无遗。惜第五卷全阙，六卷中亦有残佚矣。"[②] 从这一段话可知，《铁琴铜剑楼藏书目录》所收录的四十二卷本《岁时广记》来自胡君珽藏本，而胡本是从朱述之那里抄录而来，朱本又来自范钦的天一阁藏书楼。

现今流传最广，使用最普遍的是陆心源十万卷楼丛书收录的四十卷本的《岁时广记》，卷首有朱鉴的序和刘纯引，缺第六卷。也是本书所选取的研究版本。

四卷本和四十卷本在前四卷只是个别文字的不同，显然四卷本应

---

① 骆兆平：《新编天一阁书目》，中华书局1996年版，第64页。
② （清）瞿镛：《铁琴铜剑楼藏书目录》，上海古籍出版社2000年版，第276—277页。

第四章　岁时民俗专著《岁时广记》

该是从四十卷本中脱离出来。李道和认为两种版本之间的关系可能为："最初全帙四十卷本在流传中于卷五、卷六之间散裂，而后前四卷独自传世形成四卷本；新出四十卷本也因先天性断裂，而在卷五、卷六间出现两种佚失现象。"①

第二节　《岁时广记》的体例和内容

一　《岁时广记》的体例

陆心源在《仪顾堂集》中对《岁时广记》四十卷的内容有详细叙述：《岁时广记》"卷首图说二十篇，春景四十九条，夏景五十三条，秋景三十五条，冬景四十一条，元旦八十三条，立春四十二条，人日三十一条，上元一百条，月晦二十六条，社日六十四条，寒食十五条，清明八十六条，上巳六十四条，端午一百八十条，朝节十四条，天贶节十一条，三伏二十六条，立秋十四条，七夕一百十五条，中元三十九条，中秋三十八条，重九六十三条，小春二十五条，冬至五十九条，腊日五十七条，岁除八十六条，总载十六条"②。

《岁时广记》结构宏大且目录分类细致，内容丰富，除去图说，字数有 16 万多字，具体目录如下：

首卷：图说

卷一：春

孟春月、仲春月、季春月

花信风、条达风、榆荚雨、杏花雨、凌解水、桃花水、击春曲、踏春歌、梦春草、移春槛、探春宴、探春游、作乐车、载油幕、挂裙幄、掷金钱、驻马饮、随蝶幸、斗奇花、插御花、取红花、装狮花、探花使、护花铃、括花香、卧花酒、作红啗、系煎饼、酿梨春、赐柳圈、羹锦带、怜草色、望杏花、看菖叶、种辰瓜、栽杂木、游蜀江、

---

① 李道和：《民俗文学与民俗文献研究》，巴蜀书社 2008 年版，第 256 页。
② （清）陆心源撰，郑晓霞辑校：《仪顾堂集辑校》，广陵书社 2015 年版，第 340 页。

售农用、鬻蚕器、验岁草、占雨雾、禳鬼鸟、饮雨水、去妖邪、辟官事、照百鬼

卷二：夏

孟夏月、仲夏月、季夏月

黄梅雨、送梅雨、濯枝雨、留客雨、薇香雨、暴冻雨、海飓风、落梅风、黄雀风、麦黄水、苽蔓水、矾山水、麦熟秋、分龙节、龙生日、竹迷日、樱笋厨、临水宴、霹雳酒、寒筵冰、壬癸席、澄水帛、冰丝裀、消凉珠、辟暑犀、迎凉草、白龙皮、犀如意、洒皮扇、服丸散、环炉火、入寒泉、激凉风、没水底、开七井、乘小驷、卧北窗、书新裙、作夏课、逐树阴、练萤囊、颁冰雪、赐朱樱、献雪瓜、沈瓜李、赋杞菊、调寝馈、埋蚕沙、求蛇医、占蝗旱

卷三：秋

孟秋月、仲秋月、季秋月

仙掌露、青女霜、蓼花风、裂叶风、离合风、鲤鱼风、黄雀雨、荳花雨、荻苗水、登高水、一叶落、草木衰、警鹤鸣、石雁飞、鳜鱼肥、蟋蟀吟、亲灯火、围棋局、秋菊酒、思莼鲈、收兔毫、验美玉、点艾枝、厌儿疾、取柏露、结丝囊、登南楼、怀故里、悲游子、叹谪仙、赏白莲、水晶宫

卷四：冬

孟冬月、仲冬月、季冬月

一色云、一丈冻、千里雪、千年冰、绀碧霜、入液雨、复槽水、蹙凌水、宝砚炉、暖玉鞍、暖金合、却寒帘、却寒犀、御寒毯、辟寒金、辟寒香、衣狐裘、设氍毹、捏凤炭、置凤木、呵牙笔、得玉马、炷暖香、吐气火、煮建茗、饮羔酒、作妓围、揣妓肌、选肉阵、暖寒会、送腊粥、省寮火、温母席、暖母枕、扣冰鱼、号林笋、问岁余、足文史

卷五：元旦上

屠苏散、五辛盘、敷于散、弹鬼丸、辟瘟丹、胶牙饧、粉荔枝、擘柿橘、餐蓬饵、食索饼、服桃汤、煎术汤、服䤉豆、吞盐豉、咽鸡

卵、浴香汤、烧丁香、燃爆竹、饰桃人、画桃梗、插桃梧、写桃版、造仙木、辩荼垒、绘门神、书聻字、贴画鸡、刻明鸟、钉面蛇、挂兔头、斩鼠尾、烧鹊巢、取古砖、镂色土、造华胜、剪年幡、悬苇索、投麻豆、折松枝、取杨柳、照桑果、嫁枣李、采款花、忌针线、治酒食、祝富贵、禳长短、卖懞憧、呼畜类、验牛卧

卷七：元旦下

会两禁、入仙洞、游星宫、遇真人、乞如愿、吞寿丹、服岁丹、获仙药、知饮馔、作斋会、请紫姑、祭瘟神、遇疫鬼、化青羊、揲蓍卦、求响卜、占日干、决风候、卜晴雨、验民食、望气色、秤江水、观云霞、认雷鸣、听人声、受符禁、拜日月、占丰歉、卜善恶、斗马驼、来朝贺、改岁首、奶捏离

卷八：立春

出土牛、送寒牛、应时牛、示农牛、进春牛、鞭春牛、争春牛、买春牛、造春牛、送春牛、评春牛、绘春牛、异牧人、缠春杖、立春幡、赐春旛、簪春旛、赐春胜、剪春胜、剪春花、戴春燕、为春鸡、进春书、贴春字、撰春帖、请春词、赐春馔、作春饼、馈春盘、食春菜、设酥花、酿柑酒、殢冷淘、进浆粥、尚烹豚、忌食蘴、浴蚕种、辟蚰蜒、贮神水、占气候、验风雨、望白云、移芒儿

卷九：人日

最重人、尤重谷、占禽兽、验阴明、镂金薄、剪华胜、效梅妆、造面茧、食煎饼、进节料、为菜羹、服麻豆、上君寿、劳卿至、宴群臣、赐彩胜、诏赋诗、著假令、侍御宴、登仁峰、立义楼、升西山、谒真君、授经诀、述道要、建善功、宜斋戒、送穷鬼、得旧诗、括新词

卷十：上元上

敕燃灯、请燃灯、九华灯、百枝灯、千炬烛、三夜灯、四夜灯、五夜灯、弛禁夜、不禁夜、开坊门、开重门、作灯轮、结彩楼、缚山棚、立棘盆、观灯山、瞻御表、赐御筵、御赐宴、乘仙鹤、飞金凤、备御唤、拆山楼、州郡灯、公用灯、竹槊灯、𣄹球灯、坐车灯、黄龙

灯、寺院灯、大明灯、绕城灯、张神灯、观舍利、会群仙、拜章表、诵道经

卷十一：上元中

宴元老、称善人、与民乐、徇人心、燕近臣、斥伶官、出御诗、和御制、赏佳词、作句法、使故事、免文解、预赏灯、赐金瓯、传黄柑、夺重关、挝叠鼓、观乐舞、进寿礼、偷新曲、争驰道、纵出游、造面茧、咬焦䭔、作盘餐、鬻珍果、货香药、卖节食、戴灯球、纸飞蛾、火杨梅、打簇戏、扑蛾戏、变蚕种、祭蚕室、祠门户、赛紫姑、祷天女

卷十二：上元下

幸西凉、游广陵、生真人、遇道士、打专僧、尚公主、会美妇、约宠姬、惑妖女、偿冤鬼、见怪物、拔鬼嫔、偿前冤、入蕺堂、问禄寿、助醵钱、得宝石、犯天使、视月人、候竿影、卜饭箕、偷灯盏、题纨扇、作俗诗

卷十三：月晦

彫冀芙、尽桂树、湔裙裳、酺饮食、作膏糜、拔白发、稼果树、种冬瓜、占谷价、避战车、号穷子、除贫鬼、送穷鬼、中和节、代晦日、揆明时、赐宴会、备物仪、游曲江、谦胜境、赐御诗、作朝假、视农事、颁度量、进牙尺、有节物、瞎里叿

卷十四：二社日

立社稷、祀社稷、举社稷、配社稷、祠社神、祭稷神、五帝神、成周社、西汉社、后汉社、魏国社、两晋社、南朝社、北朝社、隋朝社、唐朝社、皇朝社、天子社、王者社、诸侯社、大夫社、州县社、春秋社、建酉社、用未社、结综社、鸡豚社、歌载芟、颂良耜、达天气、神地道、撰祝文、享寿星、报勋庸、求丰年、卜禾稼、祈粢盛、饮福杯、治聋酒、造环饼、作鏊饼、赐社饭、送社糕、宰社肉、杀社猪、赎社狪、喷社酒、饮社钱、罢社祭、值社会、降社雨、种社瓜、放社假、戒儿女、宜外甥、求计算、忌学业、乞聪明、同俚俗、不食韭、得黄金、取天剑、饮神酒、乞社语

第四章 岁时民俗专著《岁时广记》

卷十五：寒食上

百三日、百四日、百五日、百六日、介之推、介子绥、介子推、介子推、洁惠侯、妒女庙、噪仁乌、制木履、绝火食、预温食、办冷食、进寒食、严火禁、修火禁、煮粳酪、作麦粥、为醴饧、卖稠饧、染青饭、炊绀饭、造枣䭅、蒸糯米、冻姜豉、镂鸡子、画鸭卵、畜食品、煮腊肉、设镮饼、供良酝、饮梨花、插柳枝、装花舆、挂暑面、服强饧、烧饭灰、畜井水、设梭门、画图卷、看花局、改诗歌、遵唐律、用唐历

卷十六：寒食下

望南庄、祭西郊、荐雷车、奉春衣、焚纸钱、有破散、进节物、献彩球、赐草台、贡食料、宴近臣、休假务、展墓荐、定墓仪、望墓祭、辨墓域、遣奠献、依家享、以时祀、设位席、祭诸阇、号北面、秋千戏、山戎戏、半仙戏、后庭戏、绳橛戏、蹋鞠戏、击球戏、蒲博戏、竹笼儿、小车儿、约乐妓、得故婢、荐亡女、瘗戍妇、见鬼男、问故夫、悟破鱼、惑妖狐、得怪鼠

卷十七：清明

改新火、取新火、进新火、赐新火、乞新火、谢新火、汲新泉、煮新茶、饯国老、宴进士、燕百官、朝诸陵、戏拔河、治鸡坊、游郊外、看车马、修蚕具、辟蚿虫、采荠枝、取荠菜、贡紫笋、求来禽、谒湖阴、遇吕仙、赐宫娥、访庄妇、见情姬、惭父婢、惊妻梦、吊柳七、掩旧墓、逢臭鬼、跻女塚

卷十八：上巳上

著令节、展十日、按周礼、观郑俗、洁东水、祓灞上、禊曲江、幸芳林、承御沟、注天泉、登故台、赏胜地、临杯池、禊洛水、置赏亭、出临水、饮乐苑、宴华林、集西池、禊南涧、会兰亭、游山阴、谦太学、宴洛滨、访东山、乐新堤、出北门、游金明、至浮桥、宴江渚、会薄津、问曲水、适东流、祠江上、祓西沼、歌薤露、作蛮语、赐柳圈、引流杯、置羽觞、饮罚酒、命赋诗、献鞋履、结钱龙、为龙饼、吞白蟾、祭蚕神、知蚕善、祈蚕福、占桑柘、祝荠花、忌果菜、

上冢墓、淘里化

　　卷十九：上巳下

　　观御札、谶状元、会群臣、避车驾、降真圣、遇仙道、获狐书、感前定、归艳女、索幽婚、食乌芋、丸黄芩、蓄紫给、干赤举、剪白薇、粪青瓜、渍桃花、折栋花、服芫花、铺荠花、煮苦菜、制艾叶、摘蔓菁、种甘草、取羊齿、粉鼠耳、熬泽漆、浴泽兰、收射干、用寄生、浸南烛、采地筋、带杜衡、掘参根

　　卷二十：佛日

　　生太子、洗法身、放光明、现祥瑞、学非想、行摩诃、成佛道、作龙华、设斋会、煎香水、为法乐、建变灯、出王内、行关戒、绕城歌、现莲花、傺百金、舍项钱、雕悉达、溺金像、登玉霄、现真人、乞子息、献节物、忌远行、服生衣、戒杀生、占果实、收蕲蒉、诞慧藏、生灵慧、育僧谕、产元高、迁雪窦、戮秃师、笑三藏、异续生、礼佛山

　　卷二十一：端五上

　　端一日、端五日、符天数、趁天中、祭天神、祠郡守、进节料、备节物、买桃艾、送鼓扇、竞龙丹、治凫车、唊菹龟、烹鹜鸟、裹黏米、作角粽、解粽叶、藏饧糖、造白团、射粉团、为枣糕、干草头、菖华酒、艾叶酒、五彩丝、五色索、续命缕、延年缕、长命缕、辟兵缯、集色缯、双条达、结百索、合欢索、合头巾、道理袋、赤白囊、蚌粉铃、色纱罩、桃印符、赤灵符、钗头符、画天师、带蒲人、结艾人、掺艾虎、衣艾虎、插艾花、佩栋叶、斗草戏、浴兰汤、沐井水、书天地、篆斗名、钉赤口、圆朱龙、写凤烟、念仪方、贴茶字、黏白字、忌菜蔬、谨饮食、占稼穑、择符术、谢罪愆、请寿算、戒曝荐、讳盖屋、求新词、取墙雪

　　卷二十二：端五中

　　赐公服、赐时服、赐金鱼、赐寿索、赐帛扇、赐团扇、赐钟乳、赐彩丝、衣纱服、进御衣、置高会、作门帖、纳贡献、荐衣扇、借裙襦、宠妃子、惑从婢、生贤嗣、兴吾宗、举犹子、托胡姓、号万回、

取团玉、沥神水、送术汤、掘韭泥、炼草灰、制艾煎、膏桃人、烧葵子、粉葛根、采菊茎、浸糯米、弃榴花、剪韭叶、调苋菜、刈菓耳、取木耳、服龙芮、干鼊舌、挂商陆、荐汉术、收蜀葵、屑地菘、晒白矾、丸青蒿、种独蒜、食小蒜、汁葫荽、灰苦芺、羹蘩蒌、摘苹苢、啖苁蓉、制豨莶、相念药、相爱药、相喜药、能饮药、不忘药、急中药、丁根药、金疮药、采杂药、春百药、合诸药、曝人药、焚故药

卷二十三：端午下

进龙镜、撰闫帖、服金丹、除铁使、诛幻僧、碎鬼宅、寻父尸、知人命、翦佛须、绝妖怪、溺狐媚、占雀鸣、滴蛇血、戒牛肉、饲蜥蜴、捕蟾蜍、得啄木、羹枭鸟、养鹩鸽、带布谷、破蝮蛇、进蛇胆、取蛇蜕、食蛇肉、焚鹊巢、用鹊脑、灰猪齿、炼狗粪、断鳖爪、烧鳝头、捉蛤蟆、蒸蛣蜋、埋蜻蜓、取蝼蛄、候蚯蚓、收鼠妇、干伏翼、汁蝇虎、去蚊蠓、辟蚊子、浴蚕种、进花图、采岩药、生弥勒、讨赛离

卷二十四包括朝节和天贶节：

颁冰酒、禁举火、进粉囊、结杏子、著五彩、施朱索、求百饭、作净馔、吞暑符、饵硫黄、服丹药、验猫鼻、改井水、跃井水

谒圣祖、诏醮设、赐休假、罢朝谒、宜襀袷、献香楮、服豨莶、收瓜蒂、造神曲、煎楮实、酿谷醋

卷二十五包括三伏节和立秋

初祠社、自择日、枯草木、行厉鬼、赐酒肉、赐醅汁、颁麨面、供冰匣、送冰兽、琢冰山、避时暑、结凉棚、噏碧筒、浮瓜李、喜义井、殣热粥、尚羊签、烹羊羔、取狗精、采狗胆、烧犬齿、饮附汤、食汤饼、荐麦瓜、忌迎妇、制器皿

祭白帝、荐陵庙、命督邮、作媵祭、望天气、占雷雨、熬楸膏、戴楸叶、服赤豆、呷井水、十八浴、不作浴、猫饮水、草化萤

卷二十六：七夕上

何皷星、黄姑星、天孙女、天真女、出河西、向正东、主瓜果、为牺牲、借聘钱、驾香车、洒泪雨、渡天河、复斜河、伺渡河、架鹊

桥、填河乌、象夫妇、得会同、会灵匹、含淫思、有近说、无稽考、出流俗、好诞妄、曝衣楼、祀星楼、穿针楼、乞巧楼、乞巧棚、乞巧市、乞巧果、乞巧厢、乞巧图、羁色缕、输石针、金细针、双眼针、五孔针、七孔针、九孔针、磨喝乐、水上浮、生花盆、种谷板、明星酒、同心鲙、制圆剂、赐筵会、进斫饼、造煎饼、设汤饼、为果食、制彩舫、祭机杼、铺栋叶、曝革裘、结万字

卷二十七：七夕中

乘浮槎、得机石、赐寿考、乞富贵、祈恩需、去蹇拙、乞聪明、益巧思、留宝枕、授钗钿、化土金、运水银、飧松柏、饵松实、服柏子、取菖蒲、折荷叶、和桃花、晒槐汁、煎苦瓠、摘瓜蒂、剪瓜叶、拾麻花、蒸麻勃、种天草、干蓝草、吞小豆、食海藻、收公寄、涂守宫、带蛛网、采蜂房、捉萤火、捕丹戬、烧赤布

卷二十八：七夕下

食仙桃、请仙药、乘白鹤、跨赤龙、驾羽车、谒岳庙、授宝玉、写符经、获铜镜、得金缶、询前程、变牛妇、生圣子、诞皇后、赏神童、伤贤妇、晒腹书、曝布裩、宜导引、市药物、感旧念、占谷价

卷二十九：中元上

朝圣祖、设神位、作大献、行禅定、召真圣、礼空王、讲道经、诵仙书、说妙法、供寺院、进兰盆、拜表章、解结夏、周法岁、请茶会、祈福寿、托母胎、化云龙、念真诠、归旧姬、感仙叟、遇神妪

卷三十：中元下

献先祖、祭父母、拜新坟、设素食、告秋成、论时务、休假务、罢观灯、禁采鱼、收萍草、拾圣柰、取佛土、感诈鬼、除蟒妖、见故夫、会鬼妃、赛离舍

卷三十一：中秋上

科举年、端正月、同阴晴、遇阴晦、置赏会、备文宴、结彩楼、饰台榭、观江涛、泛夜舫、赏云海、讽水利、分秋光、作春阴、得佳联、作寿诗、进新词、应制曲、著绝唱、歌绝句、述幽意、遇知音、写所怀、识旧事、借妓歌、拾桂子、视金蟆、筑高台、求卜筮、食东

壁、种罂粟、占乔麦、珠贵贱、兔多少

卷三十二：中秋中

登银桥、奏玉笛、游广寒、升清虚、进龙丹、登天柱、架筋梯、入桃源、过武昌、会嵩岳、

卷三十三：中秋下

宴同亭、建幔亭、步虹桥、奏鼓乐、升仙天、立道观、服灵药、乘彩云、游峨嵋、入仙坛、舍商山、见怪物、指药铛、担褐奶

卷三十四：重九上

展旬日、用十月、赐茱萸、佩茱萸、插茱萸、采茱萸、看茱萸、嗅茱萸、赐菊花、摘菊花、簪菊花、赏菊花、尚菊花、服菊花、致菊水、作菊枕、菊花酒、茱萸酒、桑落酒、御赐酒、饵馆糕、密糖糙、麻葛糕、枣栗糕、百事糕、万象糕、狮蛮糕、食鹿糕、请客糕、迎凉脯、彩缯花、用糕事、使茱字

卷三十五：重九中

游龙山、游牛山、望楚山、谳湖山、宴仙山、过南台、登商馆、宴琼林、闭东阁、记滕阁、为时谳、藉野饮、出郊外、得别会、任追赏、再宴集、遗亲识、无饮宴、为菊饮、御制诗、广绝句、进谑词、嘲射诗、号词客、唱歌声、符异谶、讲武事

卷三十六：重九下

猎沙苑、授天册、炼金丹、开花神、遇仙方、梦暑药、辟邪恶、借书籍、置药市、吸药气、请证明、作斋会、炼阳气、消阳厄、种罂粟、收枸杞、养白鸡、喂肥鸡、必里迟

卷三十七包括小春和下元

赐锦段、赐锦袍、赐冬袄、赐季衣、赐时服、赐茶酒、进炉炭、开火禁、朝陵寝、拜墓茔、修斋会、食黍臛、上馎饨、作燋糖、送缣绵、占麻麦、卜米谷、崇道教、请福寿、获仙药

宜崇福、罢观灯、上灵庙、升仙天、戴辣时

卷三十八：冬至

一阳生、七曜会、昂星见、辰星升、阴气竭、阳气萌、南极长、

昼漏短、黄钟通、君道长、元明天、广漠风、会章月、建子月、得天统、通历法、观日影、迎日至、书云物、观云色、祭皇天、祭昊天、祀上帝、祀五帝、成天文、朝圣祖、同正礼、排冬仗、用雅乐、奉贺表、如元旦、亚岁朝、若年节、号冬除、为大节、尽九数、添红线、增绣功、进履袜、戴阳巾、玩冰筯、贡暖犀、得特支、休假务、寝兵鼓、住军教、泣囚狱、祝诸子、候赦法、验灾旱、卜壬日、占人食、避贼风、别寝处、食馄饨、作豆粥、试谷种、浇海棠、奠黑山

卷三十九：腊日

秦初腊、秦改腊、汉祠社、晋作乐、魏时祭、隋定令、唐用周、莽改法、赐御宴、赐御食、赐甲煎、赐牙香、献口脂、进香囊、制官药、授仙药、送风药、治诸药、上头膏、酿冬酒、造花馂、得菟髋、薰豕肉、蓄猪脂、取兔头、干兔髓、挂牛胆、收狐胆、灰乌鸦、煅牡蛎、浴蚕种、造腊烛、祠公社、祭先祖、报古贤、祀灶神、劳农夫、纵吏饮、遣囚归、放囚还、免窃食、恕盗柴、罢献兔、取瘦羊、发名花、生春草、治疥疮、除瘟病、辟疫鬼、打干种、就寺浴、醮天官、秒离旵、交年节、醉司命、诵经呪、照虚耗、扫屋宇、卖备用

卷四十：岁除

有司傩、乡人傩、逐除傩、驱鬼傩、埋祟傩、送疫傩、殿前傩、大内傩、梦钟馗、画钟馗、赐钟馗、原钟馗、辨钟馗、写桃符、戏藏钩、为藏彄、设火山、悬宝珠、燎爆竹、照水灯、添商陆、作䕡烛、烧骨髓、燃皂角、焚废药、埋大石、卖白饧、投豆麦、卧井傍、为面具、动鼓乐、宜嫁娶、祭诗章、添聪明、作锻磨、修斋戒、宜整摄、示大众、参吉辰、忌短日、浴残年、计有余、馈晚岁、祝长命、守岁夜、迎新年

总载

由上目录可以看到，《岁时广记》的目录有三级，三级目录主要出现在卷一至卷四季节时序部分，如卷一"春"的二级目录为"孟春月""仲春月""季春月"。三级目录为出现在春季的各种气候景物及人们的相关活动，如孟春下有花信风、榆荚雨、杏花雨、凌解水、

第四章　岁时民俗专著《岁时广记》

桃花水、击春曲、踏春歌等标目。

夏、秋、冬也是依此分目。卷五至卷四十为节日部分，分类也非常细致，每个节日下都列有三字的子标目，记录不同社会阶层在特定节日中的饮食、医药养生、宴游娱乐、教育活动以及与节日相关的神话传奇故事。

每个节日卷首节名下都有一段文字，总叙节日的由来和概要，大体近似于"序"的性质，尽管也是以征引文献为主的辑录体，不过偶尔也能显示作者的意见。如：

人日：

《北史·魏收传》曰：魏孝静宴百僚，问何故名人日。皆莫能知。魏收谢曰：晋议郎董勋《问答礼俗》云：正月一日为鸡，二日为狗，三日为猪，四日为羊，五日为牛，六日为马，七日为人。时邢邵在侧，甚恧也。[1]

此段通过引用《北史·魏收传》，总述人日来历。此条目下皆列与人日相关的人物、故事，如镂金薄、剪华胜、效梅妆、造面茧、食煎饼、为菜羹、服麻豆、宴群臣、赐彩胜，等等。

上元上：

吕原明《岁时杂记》曰：道家以正月十五日为上元。洪迈舍人《容斋五笔》云：上元张灯。《太平御览》所载《史记·乐书》曰：汉家祀太一，以昏时祠到明，今人正月望日夜游观灯是其遗事，而今《史记》无此文。《提要录》云：梁简文帝有列灯，陈后主有《光璧殿遥咏山灯诗》，唐明皇先天中东都设灯，文宗开成中，以灯迎三宫。是则唐以前岁不常设，烧灯故事多出佛书。[2]

---

[1] （宋）陈元靓：《岁时广记》，中华书局1985年版，第87页。
[2] （宋）陈元靓：《岁时广记》，中华书局1985年版，第95页。

此段通过引用各书，概述历代正月十五观灯的景象，并指出观灯源头在汉家祀太一，以昏时祠到明。上元条目下皆列与灯及观灯相关标目，如敕燃灯、九华灯、百枝灯、三夜灯、四夜灯、弛禁夜、不禁夜、开坊门、作灯轮、结彩楼、观灯山、瞻御表、赐御宴等。

月晦：

《荆楚岁时记》曰：每月皆有晦朔，以正月晦为初年，时俗重以为节。《释名》曰：晦者，月尽之名也。晦，灰也，死为灰，月光尽似灰也。《南部新书》曰：贞元元年九月二日，敕，方今边隅无事，烝庶小康，其正月晦日、三月三日、九月九日三节日，宜任文武百僚，择胜地追赏为乐，仍各赐钱，以充宴会。贞元五年，废晦日，置中和节。①

此段概括晦的含义，以及正月晦日作为节日被设定和废除的过程。此条下皆列与月晦相关的历史故事，如尽桂树、湔裙裳、酺饮食、稼果树、种冬瓜、除贫鬼、送穷鬼、代晦日、赐宴会、游曲江等。

社日：

《礼记·月令》曰：择元日命民社，注云：为祀社稷，春事兴，故祭之以祈农祥。元日谓近春分先后戊日，元、吉也。《统天万年历》曰：立春后五戊为春社，立秋后五戊为秋社，如戊日立春立秋则不算也，一云春分日时在午时以前，用六戊，在午时以后用五戊。国朝乃以五戊为定法，绍兴癸亥三月一日社，绍兴丙寅正月二十八日社。②

此段概括社作为节日的缘由和节日日期的设定方法。此条目下皆

---

① （宋）陈元靓：《岁时广记》，中华书局 1985 年版，第 133 页。
② （宋）陈元靓：《岁时广记》，中华书局 1985 年版，第 141 页。

第四章 岁时民俗专著《岁时广记》

列与社日相关的历史人物事件，如立社稷、举社稷、配社稷、成周社、西汉社、后汉社、魏国社、两晋社、南朝社、北朝社、天子社、诸侯社、大夫社、州县社、春秋社等。

寒食上：
《荆楚岁时记》曰：去冬至一百五日，能有疾风甚雨，谓之寒食。据历合在清明前二日，亦有去冬至一百六日者，禁火三日。今谓之禁烟节是也，又谓之百五节。洪舍人《容斋五笔》云：今人谓寒食为一百五日，以其自冬至之后至清明，历节气五，凡为一百七日而先两日为寒食，故云，他节皆不然也。《提要录》云：秦人呼寒食为熟食日，言其不动烟火，预办熟食过节也，齐人呼为冷烟节。王君玉诗云：疾风甚雨青春老，瘦马疲牛绿野深。又明老诗《藁中寒食》有句云：疾风甚雨悲游子，峻岭崇冈非故乡。又胡仔诗云：飞絮落花春向晚，疾风甚雨暮生寒。陈去非《道中寒食》云：飞絮春犹冷，离家食更寒。①

此段总述寒食的不同名称及具体时间的确定。寒食标目下皆列与寒食相关的事象、历史人物故事传说，如介子推、洁惠侯、噪仁乌、绝火食、办冷食、修火禁、煮粳酪、作麦粥、镂鸡子、画鸭卵、插柳枝等。

三伏节：
《阴阳书》曰：夏至逢第三庚为初伏，第四庚为中伏，立秋后初庚为末伏，是谓之三伏。曹植谓之三旬。②

此段阐述三伏的含义，此条目下皆列与三伏日相关的历史故事，如初祠社、自择日、枯草木、行厉鬼、赐酒肉、贡冰匦、送冰兽、避

---

① （宋）陈元靓：《岁时广记》，中华书局1985年版，第155页。
② （宋）陈元靓：《岁时广记》，中华书局1985年版，第285页。

时暑、结凉棚、喜义井、食汤饼、服赤豆等。

  端五上
  梁吴均《续齐谐记》曰：屈原，楚人也，遭谗不见用，以五月五日投汨罗之江而死，楚人哀之，至此日，以竹筒子贮米投水以祭之。汉建武中，长沙区回，忽白日见一士人，自云：三闾大夫，谓回曰：闻君当见祭，甚善，但常年所遗，每为蛟龙所窃，今若有惠，可以楝树叶塞其筒，上以彩丝缠之，此二物蛟龙所惮也。回依其言，后复见原感之，今世人五月五日作粽，并带五色丝及楝叶，皆汨罗水之遗风也。按《图经》云：汨罗江在湘阴县北五十里，苏东坡作《皇太后阁端五帖子》云：翠筒初裹楝，芗黍复缠菰。又诗云：尚可饷三闾，饭筒缠五彩。又诗云：楚人悲屈原，千载意未歇，精魂飘何在，父老空哽咽，至今苍江上，投饭救饥渴。①

  此段概述端午节食粽缘由。此条下皆列与端五节相关的节俗、历史人物故事。如端一日、端五日、符天数、趁天中、祭天神、祠郡守、送鼓扇、竞龙舟、治枭车、裹黏米、作角粽等。
  这种序说和全书的篇卷、条目共同构成一个整体，使这部体系庞大、内涵丰富的著作更显其集大成的性质。

二 《岁时广记》的内容

  《岁时广记》结构宏大，体例细致完善，以岁时节日为逻辑主线展开资料的收辑，资料内容丰富，包括一年四季每个节气节日特殊的天象、气候、物候，农事、饮食、教育、娱乐活动、奇闻逸事、神话传奇故事、中医学养生、与节日相关的诗词歌赋，囊括了与节日有关的物质内容、制度内容以及精神文化内容。且引用文献时间跨度大，

---

① （宋）陈元靓：《岁时广记》，中华书局1985年版，第233页。

几乎收罗南宋以前的所有岁时节日资料。

1. 季节气候

这部分介绍了春夏秋冬四季特有的气候现象，如

（1）春季气候

花信风

《东皋杂录》：江南自初春至初夏，五日一番风候，谓之花信风。梅花风最先，栋花风最后，凡二十四番，以为寒绝也。①

条达风

《易通卦验》：立春条风至。②

榆荚雨

《氾胜书》：三月榆荚雨，高地强土可种林③。

杏花雨

《提要录》：杏花开时，正值清明前后，必有雨也，谓之杏花雨。④

凌解水

《水衡记》：黄河水，三月名凌解水。⑤

桃花水

《水衡记》：黄河水，二月三月名桃花水。⑥

（2）夏季气候

黄梅雨

《风土记》：夏至雨名黄梅雨，霑衣服皆败黦。《四时纂要》

---

① （宋）陈元靓：《岁时广记》，中华书局1985年版，第4页。
② （宋）陈元靓：《岁时广记》，中华书局1985年版，第4页。
③ （宋）陈元靓：《岁时广记》，中华书局1985年版，第5页。
④ （宋）陈元靓：《岁时广记》，中华书局1985年版，第5页。
⑤ （宋）陈元靓：《岁时广记》，中华书局1985年版，第5页。
⑥ （宋）陈元靓：《岁时广记》，中华书局1985年版，第5页。

云：梅熟而雨曰梅雨。又闽人以立夏后逢庚日为入梅，芒种后逢壬为出梅，农以得梅雨乃宜耕耨。故谚云：梅不雨，无米炊。《琐碎录》又云：芒种后逢壬入梅，前半月为梅雨，后半月为时雨，遇雷电谓之断梅。数说未知孰是。又《陈氏手记》云：梅雨水洗疮疥，灭瘢痕，入酱令易熟，沾衣便腐，澣垢如灰汁，有异他水。江淮以南，地气卑湿，五月上旬连下旬尤甚。梅雨坏衣，当以梅叶洗之，余并不脱。①

送梅雨

《埤雅》：今江湘二浙，四五月间，梅欲黄落，则水润土溽，柱磉皆汗，蒸郁成雨，谓之梅雨。自江以南，三月雨谓之迎梅，五月雨谓之送梅。②

濯枝雨

《风土记》：仲夏雨濯枝荡川。注云：此节常有大雨，名曰濯枝雨。③

落梅风

《风俗通》：五月有落梅风，江南以为信风。④

黄雀风

《风土记》：南中六月则有东南长风至，时海鱼化为黄雀，故俗名黄雀风。⑤

麦黄水

《水衡记》：黄河水四月名麦黄水。⑥

苽蔓水

《水衡记》：黄河水五月名苽蔓水，苽生蔓也。⑦

---

① （宋）陈元靓：《岁时广记》，中华书局1985年版，第18页。
② （宋）陈元靓：《岁时广记》，中华书局1985年版，第19页。
③ （宋）陈元靓：《岁时广记》，中华书局1985年版，第19页。
④ （宋）陈元靓：《岁时广记》，中华书局1985年版，第20页。
⑤ （宋）陈元靓：《岁时广记》，中华书局1985年版，第20页。
⑥ （宋）陈元靓：《岁时广记》，中华书局1985年版，第20页。
⑦ （宋）陈元靓：《岁时广记》，中华书局1985年版，第20页。

第四章　岁时民俗专著《岁时广记》

矾山水

《水衡记》：黄河水六月名矾山水。①

(3) 秋季物候

青女霜

《淮南子》：秋三月，气不藏，百虫蛰，青女乃出，以降霜雪。注云：青女乃天神青腰玉女，主霜雪也。②

蓼花风

《月令章句》：仲秋白露节，盲风至。郑玄云：疾风也，秦人谓之蓼花风。梁文帝《初秋诗》云：盲风度函谷，坠露下芳枝。③

裂叶风

《洞冥记》：裂叶风，乃八月节也。④

离合风

陆机《要览》：列子御风而行，常以立春归于八荒，立秋日游于风穴，风至则草木皆生，去则草木摇落，谓之离合风。⑤

鲤鱼风

《提要录》：鲤鱼风乃九月风也。⑥

黄雀雨

《提要录》：九月雨为黄雀雨。⑦

荳花雨

《荆楚岁时记》：荳花雨乃八月雨也。⑧

---

① （宋）陈元靓：《岁时广记》，中华书局1985年版，第20页。
② （宋）陈元靓：《岁时广记》，中华书局1985年版，第33页。
③ （宋）陈元靓：《岁时广记》，中华书局1985年版，第33页。
④ （宋）陈元靓：《岁时广记》，中华书局1985年版，第33页。
⑤ （宋）陈元靓：《岁时广记》，中华书局1985年版，第34页。
⑥ （宋）陈元靓：《岁时广记》，中华书局1985年版，第34页。
⑦ （宋）陈元靓：《岁时广记》，中华书局1985年版，第34页。
⑧ （宋）陈元靓：《岁时广记》，中华书局1985年版，第34页。

荻苗水
《水衡记》：黄河水七八月名荻苗水，荻花正开也。①
登高水
《水衡记》：黄河水九月名登高水。②

(4) 冬季气候物候

一色云
《韩诗外传》：凡草木花多五出，雪花独六出，雪花曰霙，雪云曰同云，同谓云阴与天同为一色也。故诗云：上天同云，雨雪雰雰。③
一丈冻
郭义《恭广记》：北方地寒，冰厚三尺，地冻一丈。④
绀碧霜
《拾遗记》：广延国霜色绀碧，又云，嵊州霜甘也。《汉武帝内传》曰：仙家上药有玄霜绀雪。⑤
入液雨
《琐事录》：闽俗立冬后过壬日，谓之入液，至小雪出液，得雨谓之液雨。无雨则主来年旱。谚云：液雨不流鏊，高田不要作。又谓之药雨，百虫饮此水而蛰。⑥
复槽水
《水衡记》：黄河水十月名复槽水，落复故道也。⑦

---

① （宋）陈元靓：《岁时广记》，中华书局1985年版，第34页。
② （宋）陈元靓：《岁时广记》，中华书局1985年版，第34页。
③ （宋）陈元靓：《岁时广记》，中华书局1985年版，第44页。
④ （宋）陈元靓：《岁时广记》，中华书局1985年版，第44页。
⑤ （宋）陈元靓：《岁时广记》，中华书局1985年版，第45页。
⑥ （宋）陈元靓：《岁时广记》，中华书局1985年版，第45页。
⑦ （宋）陈元靓：《岁时广记》，中华书局1985年版，第45页。

第四章 岁时民俗专著《岁时广记》

蹙凌水

《水衡记》：黄河水十一月十二月名蹙凌水，冰断复结，蹙起成层也。①

不同地域、季节、月份的风、雨、水、云、霜、冰，都被赋予不同名称，这是古人对这些具有季节及地域特色的自然气候物候现象的细致描绘和诗意表达。这些阐释不仅具有知识普及意义，也反映出作者认识到不同地域及不同季节的气候环境在民俗形成的过程中具有非常重要的作用。

2. 节日饮食

一年中自元旦至除夕各种节日中，饮食是人们最为重视的节日内容之一。在生产力低下的远古时代，人们为适应季节气候的变化，保持良好的身体状态而调整饮食，特殊节气中必须食用或者禁止食用某种食物来保证身体健康，不受气候变化的伤害，此时的食物具有医药功能。随着时代的发展，生活水平的提高，节日食物的种类越来越多样化，不拘泥于药物功能，出现不同时代、地域的特色食品。在《岁时广记》中，节日饮食同样也是必不可少的一个因素。

屠苏散

孙真人《屠苏饮论》云：屠者，言其屠绝鬼炁。苏者，言其苏省人魂。其方用药八品，合而为剂，故亦名八神散。大黄、蜀椒、桔梗、桂心、防风各半两，白术、虎杖各一分，乌头半分，咬咀以绛囊贮之，除日薄暮，悬井中，令至泥，正旦出之，和囊浸酒中，顷时，捧杯祝之曰：一人饮之，一家无疾，一家饮之，一里无病，先少后长，东向进饮，取其滓悬于中门，以辟瘟气，三日外，弃于井中，此轩辕黄帝神方。②

---

① （宋）陈元靓：《岁时广记》，中华书局1985年版，第45页。
② （宋）陈元靓：《岁时广记》，中华书局1985年版，第53页。

五辛盘

《风土记》：正元日，俗人拜寿，上五辛盘、松柏颂、椒花酒、五熏炼形。五辛者，所以发五脏气也。《正一旨要》云：五辛者，大蒜、小蒜、韭菜、芸薹、胡荽是也。孙真人《食忌》云：正月之节，食五辛以辟疠气。孙真人《养生诀》云：元日取五辛食之，令人开五脏，去伏热。①

敷于散

葛洪《炼化篇》：敷于散用柏子仁、麻仁、细辛、干姜、附子等，分为末。元日，井花水服之，抑阴助阳，却邪辟疫。②

弹鬼丸

刘氏方弹鬼丸，武都雄黄丹砂二两，合前五药为末，镕蜡五两，和圆如弹大，正旦，男左女右，佩之，大辟邪气，又有所谓却鬼丸。③

粉荔枝

《金门岁节》：洛阳人家，正旦造鸡丝蜡燕粉荔枝，更相馈送。④

擘柿橘

《琐碎录》：京师人岁旦用盘盛柏一枝，柿橘各一枚，就中擘破，众分食之，以为一岁百事吉之兆。⑤

餐蓬饵

《西京杂记》：汉宫中正旦出池边盥濯，食蓬饵，以祓除邪恶气。⑥

---

① （宋）陈元靓：《岁时广记》，中华书局1985年版，第54页。
② （宋）陈元靓：《岁时广记》，中华书局1985年版，第54页。
③ （宋）陈元靓：《岁时广记》，中华书局1985年版，第55页。
④ （宋）陈元靓：《岁时广记》，中华书局1985年版，第55页。
⑤ （宋）陈元靓：《岁时广记》，中华书局1985年版，第55页。
⑥ （宋）陈元靓：《岁时广记》，中华书局1985年版，第55页。

第四章 岁时民俗专著《岁时广记》

食索饼

《岁时杂记》：元日京师人家多食索饼，所谓年馎饦者，或此类。①

服桃汤

《荆楚岁时记》：元旦服桃汤，桃者，五行之精，能厌伏邪气，制御百鬼。又《风俗通》云：元日饮桃汤及柏叶酒。②

煎术汤

《皇朝岁时杂记》：正月一日，京城人皆煎术汤以饮之，并烧苍术，以辟除疫疠之气。③

吞盐豉

《皇朝岁时杂记》：元旦吞盐豉七粒，可令终岁不误食蝇子。④

咽鸡卵

《风俗通》：元日食鸡子一枚，以炼形也。又庄子注云：正旦皆当吞生鸡子一枚。⑤

作春饼

唐《四时宝镜》：立春日，食芦菔、春饼、生菜，号春盘。⑥

馈春盘

《摭遗》：东晋李鄂，立春日命芦菔芹芽为菜盘馈贶，江淮人多效之。⑦

食春菜

《齐人月令》：凡立春日食生菜不可过多，取迎新之意而已。⑧

酿柑酒

《摭言》安定郡王立春日作五辛盘，以黄柑酿酒，谓之洞庭

---

① （宋）陈元靓：《岁时广记》，中华书局1985年版，第55—56页。
② （宋）陈元靓：《岁时广记》，中华书局1985年版，第56页。
③ （宋）陈元靓：《岁时广记》，中华书局1985年版，第56页。
④ （宋）陈元靓：《岁时广记》，中华书局1985年版，第56页。
⑤ （宋）陈元靓：《岁时广记》，中华书局1985年版，第56页。
⑥ （宋）陈元靓：《岁时广记》，中华书局1985年版，第83页。
⑦ （宋）陈元靓：《岁时广记》，中华书局1985年版，第83页。
⑧ （宋）陈元靓：《岁时广记》，中华书局1985年版，第83页。

春色。①

飧冷淘

《岁时杂记》：立春日，京师人家以韭黄生菜食冷淘。②

进浆粥

《齐人月令》：凡立春日，进浆粥，以导和气。③

尚烹豚

《岁时杂记》：都人立春日尚食烹豚，为之暴贵，其膘切有细如丝者，用此为工巧，堂厨供诸公各一拌。④

忌食蘁

《岁时杂记》：俗说立春日食蘁者，至纳妇拜门日，腰间有声如嚼蘁然，皆以为戒。⑤

食煎饼

《述征记》：北人以人日食煎饼于庭中，俗云薰天，未知所从出也。⑥

为菜羹

《荆楚岁时记》：人日以七种菜为羹。⑦

服麻豆

《肘后方》：正月七日，吞麻子小豆各二七粒，消疾疫。⑧

咬焦䭔

《岁时杂记》：京师上元节食焦䭔，最盛且久，又大者名柏头焦䭔。凡卖䭔必鸣鼓，谓之䭔鼓。每以竹架子出青伞，缀装梅红缕金小灯球儿，竹架前后亦设灯笼，敲鼓应拍，团团转走，谓之

---

① （宋）陈元靓：《岁时广记》，中华书局1985年版，第84页。
② （宋）陈元靓：《岁时广记》，中华书局1985年版，第84页。
③ （宋）陈元靓：《岁时广记》，中华书局1985年版，第84页。
④ （宋）陈元靓：《岁时广记》，中华书局1985年版，第84页。
⑤ （宋）陈元靓：《岁时广记》，中华书局1985年版，第84页。
⑥ （宋）陈元靓：《岁时广记》，中华书局1985年版，第89页。
⑦ （宋）陈元靓：《岁时广记》，中华书局1985年版，第89页。
⑧ （宋）陈元靓：《岁时广记》，中华书局1985年版，第90页。

第四章 岁时民俗专著《岁时广记》

打旋，罗列街巷，处处有之。①

作盘餐

《岁时杂记》：京师上元日，有蚕丝饭，捣米为之，朱绿之，玄黄之，南人以为盘餐。②

鬻珍果

《岁时杂记》：京师贾人，预蓄四方珍果，至灯夕街鬻，以永嘉柑实为上味，橄榄绿橘，皆席上不可阙也。庆历中，金柑映日果不复来，其果大小如金橘，而色粉红。嘉祐中，花羞栗子，皆一时所尚。又以纸帖为药囊，实干缕木瓜菖蒲咸酸等物，谓之下酒果子。③

造环饼

《皇朝岁时杂记》：社日旧四方馆先期下御厨造大环饼、白熟饼、蒸豚，并以酒赐近臣，大率与立春同。白居易有《社赐酒饼状》，想唐亦有此赐也。④

作鳌饼

《岁时杂记》：社日人家旋作鳌饼，佐以生菜韭豚肉。⑤

赐社饭

《岁时杂记》：社日有漫泼饭，加之鸡饼、青蒿芜荽韭以蔽之，亦尝出自中禁，以赐近辅。⑥

送社糕

《东京梦华录》：社日以社糕、社酒相赉送，贵戚官院以猪羊曲腰子奶房肚肺鸭饼瓜姜之类，切作棋子片样，滋味调和，铺于饭上，谓之社饭。⑦

---

① （宋）陈元靓：《岁时广记》，中华书局1985年版，第116页。
② （宋）陈元靓：《岁时广记》，中华书局1985年版，第116页。
③ （宋）陈元靓：《岁时广记》，中华书局1985年版，第116页。
④ （宋）陈元靓：《岁时广记》，中华书局1985年版，第149—150页。
⑤ （宋）陈元靓：《岁时广记》，中华书局1985年版，第150页。
⑥ （宋）陈元靓：《岁时广记》，中华书局1985年版，第150页。
⑦ （宋）陈元靓：《岁时广记》，中华书局1985年版，第150页。

煮粳酪

《邺中记》：寒食三日作醴酪，又煮粳米及麦为酪，捣杏仁煮作粥。孙楚《祭子推文》云：黍饭一盘，醴酪一盂，清泉甘水，充君之厨。今寒食节物有杏酪麦粥即其遗风也。①

作麦粥

《玉烛宝典》：今人寒食悉为大麦粥，研杏仁为酪，引饧以沃之。②

为醴饧

《岁华纪丽》：寒食作醴酪，以大粳米或大麦为之，即今之麦粥也，醴即今之饧是也。③

卖稠饧

《东京梦华录》：一百五日，都城卖稠饧、麦糕乳粥酪乳饼之类最盛。④

造枣䭅

《东京梦华录》：京师以寒食前一日，谓之炊熟，用面造枣䭅飞燕，柳条串之，插于门楣，谓之子推燕。又吕原明《岁时杂记》云：以枣面为饼，如此地枣䭅而小，谓之子推穿，以杨枝插之户间，而不知何得此名也，或谓昔人以此祭介子推，正犹角黍祭屈原焉。《艺苑雌黄》云：以面为蒸饼样，团枣坿之，名曰枣䭅。⑤

蒸糯米

《岁时杂记》：寒食以糯米合采蒻叶裹以蒸之，或加以鱼鹅肉鸭卵等，又有置艾一叶于其下者⑥。

---

① （宋）陈元靓：《岁时广记》，中华书局1985年版，第160页。
② （宋）陈元靓：《岁时广记》，中华书局1985年版，第161页。
③ （宋）陈元靓：《岁时广记》，中华书局1985年版，第161页。
④ （宋）陈元靓：《岁时广记》，中华书局1985年版，第161页。
⑤ （宋）陈元靓：《岁时广记》，中华书局1985年版，第162—163页。
⑥ （宋）陈元靓：《岁时广记》，中华书局1985年版，第163页。

第四章 岁时民俗专著《岁时广记》

冻姜豉

《岁时杂记》：寒食煮豚肉并汁露顿，候其冻取之，谓之姜豉，以荐饼而食之，或剜以匕，或裁以刀，调以姜豉，故名焉。[1]

煮腊肉

《岁时杂记》：去岁腊月糟豚肉挂灶上，至寒食取以啖之，或蒸或煮，其味甚珍。[2]

挂暑面

《琐碎录》：寒食日，以纸袋盛面当风处，中暑调水饮之。[3]

啖菹龟

《风土记》：仲夏端午，俗重此日与夏至同。煮肥龟令极熟，去骨加盐豉蒜蓼，名曰菹龟，表阳外阴内之形，所以赞时也。[4]

烹鹜鸟

《风土记》：端五烹鹜，先节一日，以菰叶裹黏米，用栗枣灰汁煮令极熟，节日啖之，盖取阴阳包裹，未分之象也。[5]

裹黏米

《岁时杂记》：端五因古人筒米，而以菰叶裹黏米，名曰角黍相遗，俗作粽，或加之以枣，或以糖，近年又加松栗、胡桃、姜桂、麝香之类，近代多烧艾灰淋汁煮之，其色如金。[6]

作角粽

《岁时杂记》：端五粽子，名品甚多，形制不一，有角粽、锥粽、茭粽、筒粽、秤锤粽，又有九子粽。[7]

藏饧糖

《岁时杂记》：自寒食时，晒枣糕及藏稀饧，至端五日食之，

---

[1] （宋）陈元靓：《岁时广记》，中华书局1985年版，第163页。
[2] （宋）陈元靓：《岁时广记》，中华书局1985年版，第164页。
[3] （宋）陈元靓：《岁时广记》，中华书局1985年版，第165页。
[4] （宋）陈元靓：《岁时广记》，中华书局1985年版，第236页。
[5] （宋）陈元靓：《岁时广记》，中华书局1985年版，第236页。
[6] （宋）陈元靓：《岁时广记》，中华书局1985年版，第236页。
[7] （宋）陈元靓：《岁时广记》，中华书局1985年版，第236页。

云,治口疮,并以稀饧食粽子。①

造白团

《岁时杂记》:端五作水团,又名白团,或杂五色人兽花果之状,其精者名滴粉团,或加麝香,又有干团不入水者。②

射粉团

《天宝遗事》:唐宫中,每端五造粉团角黍,钉金盘中,纤妙可爱,以小小角弓架箭,射中粉团者得食,盖粉团滑腻而难射也,都中盛行此戏。③

为枣糕

《岁时杂记》:京都端五日,以糯米煮稠粥,杂枣为糕。④

干草头

《岁时杂记》:都人以菖蒲、生姜、杏梅、李、紫苏,皆切如丝,入盐曝干,谓之百草头,或以糖蜜渍之纳梅皮中,以为酿梅,皆端午果子也。⑤

忌菜蔬

《千金方》:黄帝云五月五日,勿食一切菜,发百病。⑥

谨饮食

《千金方》:五月五日,勿食鲤鱼子,共猪肝食之,必不消化,能成恶病。⑦

饮附汤

《百忌历》:三伏之日,人不得寝,宜饮附子汤禳之。⑧

---

① (宋)陈元靓:《岁时广记》,中华书局1985年版,第237页。
② (宋)陈元靓:《岁时广记》,中华书局1985年版,第237页。
③ (宋)陈元靓:《岁时广记》,中华书局1985年版,第237—238页。
④ (宋)陈元靓:《岁时广记》,中华书局1985年版,第238页。
⑤ (宋)陈元靓:《岁时广记》,中华书局1985年版,第238页。
⑥ (宋)陈元靓:《岁时广记》,中华书局1985年版,第246页。
⑦ (宋)陈元靓:《岁时广记》,中华书局1985年版,第246页。
⑧ (宋)陈元靓:《岁时广记》,中华书局1985年版,第289页。

第四章 岁时民俗专著《岁时广记》

食汤饼

《荆楚岁时记》：伏日食汤饼，名辟恶饼。①

荐麦瓜

《四民月令》：初伏荐麦瓜于祖祢。②

造煎饼

《岁时杂记》：七夕，京师人家亦有造煎饼供牛女及食之者。③

设汤饼

《风土记》：魏人或问董勋云，七月七日为良日，饮食不同于古，何也？勋云：七日黍熟，七日为阳数，故以糜为珍，今北人唯设汤饼，无复有糜矣。④

为果食

《岁时杂记》：京师人以糖面为果食如僧食，但至七夕，有为人物之形者，以相饷遗。⑤

饵饳糕

《玉烛宝典》：九日食饵者，其时黍稌并收，以黏米加味，触类尝新，遂成积习。⑥

蜜糖饳

干宝注，《周官》云：以豆末和屑米而蒸，今糖饳是也。⑦

麻葛糕

《唐六典》：膳部有节日食料。注云：九月九日以麻葛为糕。《文昌杂录》云：唐岁时节物，九月九日则有茱萸酒、菊花糕。⑧

---

① （宋）陈元靓：《岁时广记》，中华书局1985年版，第289页。
② （宋）陈元靓：《岁时广记》，中华书局1985年版，第289页。
③ （宋）陈元靓：《岁时广记》，中华书局1985年版，第304页。
④ （宋）陈元靓：《岁时广记》，中华书局1985年版，第304页。
⑤ （宋）陈元靓：《岁时广记》，中华书局1985年版，第304—305页。
⑥ （宋）陈元靓：《岁时广记》，中华书局1985年版，第381页。
⑦ （宋）陈元靓：《岁时广记》，中华书局1985年版，第381页。
⑧ （宋）陈元靓：《岁时广记》，中华书局1985年版，第381页。

枣栗糕

《皇朝岁时杂记》：二社，重阳尚食糕，而重阳为盛，大率以枣为之，或加以栗，亦有用肉者，有麦糕黄米糕，或为花糕。①

狮蛮糕

《东京梦华录》：都人重九前一二日，各以粉面蒸糕，更相遗送，上插剪彩小旗，掺钉果实，如石榴子栗黄银杏松子肉之类，又以粉作狮子蛮王之状，置糕于上，谓之狮蛮糕。②

食鹿糕

《岁时杂记》：民间九日作糕，每糕上置小鹿子数枚，号曰食禄糕。③

迎凉脯

《金门岁节记》：洛阳人家重阳作迎凉脯，羊肝饼，及佩瘿符水。④

作爊糖

《唐杂录》：十月一日，夔俗作蒸裹爊糖为节物。⑤

食馄饨

《岁时杂记》：京师人家，冬至多食馄饨，故有冬馄饨年馎饦之说。⑥

作豆粥

《荆楚岁时记》：共工氏有不才之子，以冬至死，为疫鬼，畏赤小豆，故冬至日作赤豆粥以禳之。⑦

---

① （宋）陈元靓：《岁时广记》，中华书局1985年版，第381页。
② （宋）陈元靓：《岁时广记》，中华书局1985年版，第382页。
③ （宋）陈元靓：《岁时广记》，中华书局1985年版，第382页。
④ （宋）陈元靓：《岁时广记》，中华书局1985年版，第382页。
⑤ （宋）陈元靓：《岁时广记》，中华书局1985年版，第405页。
⑥ （宋）陈元靓：《岁时广记》，中华书局1985年版，第418页。
⑦ （宋）陈元靓：《岁时广记》，中华书局1985年版，第419页。

3. 医药养生

节气节日里的特色食物，除极具纪念意义以及象征意义的食物外，大多数日常食用的食物也是依据季节气候的变化起到防御疾病、有利于人身体健康的作用。但在《岁时广记》中各个节气中也记有专门用来防御或治疗某些疾病的药物，这些药物大多是能食用的中草药。文中对这些中草药的名称、外形特征、味道、生长环境、功用都有详细描绘。

> 折楝花
> 《琐碎录》：三月三日，取苦楝花或叶于荐席下，辟蚤虱。①
> 服芫花
> 《三国志》：魏初平中，有青牛先生，常服芫花，年如五六十人，或亲识之，谓其已百余岁。《图经》曰：芫花生淮源川谷，今在处有之，春生苗，叶小而尖，似杨枝柳叶，开紫花，颇似紫荆，而作穗，三月三日采阴干，须未成蕊，蒂细小未生叶时收之，叶生花落，即不堪用。②
> 铺荠花
> 《琐碎录》：淮西人三月三日取荠花铺灶上及床席下，可辟虫蟍，极验。③
> 煮苦菜
> 《本草》：苦菜味苦寒无毒，久服安心益气聪察少卧轻身，耐老耐饥寒，豪气不老，一名荼，一名游冬，生益州川谷山陵道傍，凌冬不死，三月三日采阴干。《陶隐居》云：取叶作屑，煮汁饮，即通夜不睡。煮盐人惟资此饮，交广人最所重，客来先供，加以香芼。④

---

① （宋）陈元靓：《岁时广记》，中华书局1985年版，第217页。
② （宋）陈元靓：《岁时广记》，中华书局1985年版，第217—218页。
③ （宋）陈元靓：《岁时广记》，中华书局1985年版，第218页。
④ （宋）陈元靓：《岁时广记》，中华书局1985年版，第218页。

制艾叶

《本草》：艾叶能灸百病，一名冰台，一名医草，生田野，叶背苗短者为佳，三月三日、五月五日采曝干作煎，勿令见风，经久方可用。又云：艾实壮阳助水藏及暖子宫。①

摘蔓菁

《千金方》：三月三日，摘蔓菁花阴干末，空心井水服方寸七，久服长生明目，可夜读书。②

种甘草

《本草》云：木甘草主疗痈肿，盛热煮洗之，生木间，三月生大叶，如蛇状，四四相值，但折枝种之便生，五月花白实核赤，三月三日采。③

取羊齿

《图经》：羊齿骨及五藏皆温平而主疾，惟肉性大热，时疾初愈，百日内不可食，食之当复发，及令人骨蒸也。《本草》云：羊齿主小儿羊痫寒热，三月三日取之。④

粉鼠耳

《荆楚岁时记》：三月三日，取鼠曲汁蜜和为粉，谓之龙舌料，以压时气。山南人呼为香茅，取花杂棒皮染褐，至破犹鲜，江西人呼为鼠耳草。《日华子》云：鼠曲草味甘平无毒，调中益气，止泄除痰，压时气，去热嗽，杂米粉作糗食之甜美，生平岗热地，高尺余，叶有白毛黄花。⑤

浴泽兰

《本草》：泽兰一名虎兰，一名龙枣，三月三日采阴干。《陶隐居》云：今处处有，多生湿地，叶微香，可煎油，或生泽傍，故名泽兰，亦名都梁香，可作浴汤，人家多种之，今妇人方中最

---

① （宋）陈元靓：《岁时广记》，中华书局1985年版，第218页。
② （宋）陈元靓：《岁时广记》，中华书局1985年版，第218页。
③ （宋）陈元靓：《岁时广记》，中华书局1985年版，第218—219页。
④ （宋）陈元靓：《岁时广记》，中华书局1985年版，第219页。
⑤ （宋）陈元靓：《岁时广记》，中华书局1985年版，第219页。

第四章 岁时民俗专著《岁时广记》

急用也。①

收射干

《荀子》云：西方有水焉，名射干，茎长四寸，生于高山之上，而临百仞之渊，其茎非能长也，所立者然，又阮公诗云：射干临层城。《本草》云：三月三日采阴干，能疗肿毒。②

用寄生

《本草》云：桑上寄生坚发齿，长须眉，其实明目轻身通神，一名寓木，一名茑生，生弘农川谷桑树上。三月三日采茎阴干。《陶隐居》云：桑上生者名桑寄生，方家亦有用杨上枫上者，各随其树名之，形类一般，三四月开花白，五月实赤，大如小豆，今处处有之，俗呼为续断用之。③

浸南烛

孙思邈《千金月令》：南烛叶煎，益髭发及容颜，兼补暖。三月三日，采叶并蕊子入大净瓶中干，盛以童子小便，浸满瓶，固济其口，置闲处，经一周年取开，每日一两次温酒服之，每酒一盏调煎一匙，极有效验。④

采地筋

《本草》云：地筋味甘无毒，主益气，止渴除热，在腹脐利筋，一名菅根，一名土筋，生泽中，根有毛，三月生，四月实白，三月三日采根。⑤

带杜蘅

《本草》云：杜蘅香人衣体，三月三日采根热洗曝干。《陶隐居》云：根蒂都似细辛，惟香小异，处处有之，方药少用，惟道家服之，令人身衣香。《图经》：杜蘅叶似马蹄，故俗名马蹄香，三月三日采根热洗曝干。《山海经》云：天帝之山，有草，状如

---

① （宋）陈元靓：《岁时广记》，中华书局1985年版，第219页。
② （宋）陈元靓：《岁时广记》，中华书局1985年版，第220页。
③ （宋）陈元靓：《岁时广记》，中华书局1985年版，第220页。
④ （宋）陈元靓：《岁时广记》，中华书局1985年版，第220页。
⑤ （宋）陈元靓：《岁时广记》，中华书局1985年版，第220页。

葵，其臭如蘪芜，名曰杜蘅，可以走马。郭璞注云：带之可以走马，或曰，马得之则健走尔。①

掘参根

《本草》云：参果根味苦有毒，生鼠瘘，一名百连，一名乌蓼，一名鼠茎，一名鹿蒲，生百余根有衣裹茎，三月三日采根。②

掘韭泥

《岁时杂记》：端五日正午时，韭畦面东不语，取蚯蚓粪干收之，谓之六乙泥，或为鱼刺所梗，以少许擦咽外，刺即时自能消散。③

炼草灰

《本草》云：百草灰主腋臭及金疮，五月五日，采乘露草一百种，阴干烧作灰，以井华水为团，重烧令白，以酽醋和为饼，腋下挟之，干即易，当抽一身痛闷，疮出即止，以小便洗之，不过三两度，又主金疮，止血生肌，取灰和石灰为团，烧令白，刮傅疮上。④

制艾煎

《荆楚岁时记》：宗士炳之孙则，字文度，常以五月五日鸡未鸣时采艾，见似人处，揽而取之，用炙有验。又《仇池笔记》云：端午日，日未出时，以意求艾似人者，采之以炙，殊效，一书中见之，忘其何书也，又未有真似人者，于明暗间以意命之而已。又《千金方》云：五月五日取艾，七月七日日未出时，取麻花等分合捣作炷，炙诸瘘，百壮即差。又《本草》云：五月五日，采艾曝干作煎，勿令见风，经久可用。⑤

---

① （宋）陈元靓：《岁时广记》，中华书局1985年版，第220—221页。
② （宋）陈元靓：《岁时广记》，中华书局1985年版，第221页。
③ （宋）陈元靓：《岁时广记》，中华书局1985年版，第254页。
④ （宋）陈元靓：《岁时广记》，中华书局1985年版，第254页。
⑤ （宋）陈元靓：《岁时广记》，中华书局1985年版，第255页。

第四章 岁时民俗专著《岁时广记》

膏桃人

古方用桃人一百个，去皮尖，于乳钵中细研，不得犯水，候成膏，入黄丹三钱，丸如梧桐子大，每服三丸，当发日，面北用温酒吞下，不饮酒，井花水亦得，五月五日午时合，忌鸡犬妇人见之，大治痁疾。①

烧葵子

《四时纂要》：端五日取葵子烧作灰，有患石淋者，亟以水调方寸服立愈。②

粉葛根

《图经本草》：五月五日午时，采葛根暴干，以入土深者为佳，今人多以作粉食之，甚益人。《神农本草》云：葛根一名鸡齐根，一名鹿藿，一名黄斤，生汶山川谷。《陶隐居》云：端五日中时，取葛根为屑，疗金疮断血为要药，亦疗疟及疮。③

采菊茎

《食疗》云：甘菊平，其叶正月采可作羹，茎五月五日采，花九月九日采，并主头风目眩泪出，去烦热，利五脏，野生苦菊不可用，又《提要录》云：端午采艾叶，立冬日采菊花叶，烧灰沸汤泡，澄清洗眼妙。④

弃榴花

《岁时杂记》：人目眚赤者，五月五日，以红绢或榴花及红赤之物拭目而弃之，云，得之者代受其病。⑤

剪韭叶

《琐碎录》：端五日午时，剪韭叶和石灰捣作饼，晒干，大能治扑损刀伤疮口，并蜂虿蜈蚣之毒。又云：取百草头一斤，韭五

---

① （宋）陈元靓：《岁时广记》，中华书局1985年版，第255页。
② （宋）陈元靓：《岁时广记》，中华书局1985年版，第255页。
③ （宋）陈元靓：《岁时广记》，中华书局1985年版，第255页。
④ （宋）陈元靓：《岁时广记》，中华书局1985年版，第255—256页。
⑤ （宋）陈元靓：《岁时广记》，中华书局1985年版，第256页。

斤捣灰。①

调苋菜

《食疗》云：苋菜一名莫实，五月五日采苋菜和马齿为末，等分与调，孕妇服之易差，但未知治何病。又云：苋菜与鳖肉同食，生鳖症。又云：取鳖甲如豆大者，以苋菜封裹之，置于土坑内，以土盖之，一宿尽变成鳖儿。②

服龙芮

《本草》：石龙芮人服轻身不老，令人皮肤光泽，有子一名鲁果能，一名地椹，一名天豆，一名彭根，生太山川泽石边，五月五日采子，二月八日采皮，阴干。《尔雅》云：芨堇草。郭璞注云：乌头苗也。苏恭注云：天雄是石龙芮，叶似堇草。③

食小蒜

《本草》：小蒜味辛，温，有小毒，主霍乱。《图经》曰：生田野中，根苗皆如葫而极细小者是也，五月五日采。《陶隐居》云：小蒜生叶可煮和食。黄帝云：不可久食，损人心力，食小蒜，啖生鱼，令人夺气。④

灰苦芙

《食疗》云：苦芙微寒，生食治漆疮，五月五日采，暴干作灰，傅面目通身漆疮，不堪多食。《陶隐居》云：五月五日采，暴干烧作灰，以疗金疮，甚妙。⑤

煎苦瓠

《千金方》：七月七日，生苦瓠中白绞取汁一合，以醋一升，古文钱七个浸之，微火煎减半，以沫内眦中，大治眼暗。⑥

---

① （宋）陈元靓：《岁时广记》，中华书局1985年版，第256页。
② （宋）陈元靓：《岁时广记》，中华书局1985年版，第257页。
③ （宋）陈元靓：《岁时广记》，中华书局1985年版，第257页。
④ （宋）陈元靓：《岁时广记》，中华书局1985年版，第259页。
⑤ （宋）陈元靓：《岁时广记》，中华书局1985年版，第259—260页。
⑥ （宋）陈元靓：《岁时广记》，中华书局1985年版，第315页。

摘瓜蒂

《本草》：瓜蒂苦寒有毒，主大水，身面四肢浮肿，下水杀蛊毒，食诸果病在胸膈腹中，皆吐下之，生嵩高平泽，七月七日采阴干。《陶隐居》云：瓜蒂多用早青瓜蒂，此云七月采，更是甜瓜蒂也。①

4. 节日娱乐活动

节日具有群体性，节日活动是一个群体在特定日子中的活动，娱乐活动是节日活动的重要组成部分。随着时代的变迁，同一种娱乐活动的名称也会发生变化。如寒食期间的主要娱乐活动有秋千和蹴鞠，"秋千本北方山戎之戏，以习轻趫者也……齐桓公北伐山戎，此戏始传中国"。《荆楚岁时记》中称秋千为"鞦韆"，《天宝遗事》中称其为"半仙戏"，"《天宝遗事》曰：天宝宫中至寒食节，竞竖秋千，令宫嫔戏笑，以为宴乐，帝呼为半仙戏，都人士女因而呼之"②。蹴鞠是汉代寒食的活动，到了宋代，就发展为"击球戏"，"《岁时杂记》曰：寒食节，京师少年多以花球棒为击踘之戏，又为儿弄者，或以木，或以泥，皆以华丽为贵"③。

在同一节日中，不同社会阶层有不同的活动，《岁时广记》对此记录也较详细。如三月三上巳节，普通老百姓在此日吃特殊的食物以拔除毒气，"（四民）三月三日，并出江渚池沼间，为流杯曲水宴，取黍曲菜汁和蜜为食，以厌时气，一云用黍曲和菜作羹"④。但发展到后来，士大夫阶层乃至皇室都于此日设宴、游园、作诗，其拔除毒气，驱除不祥的原始意图渐渐被掩盖。

文中引用了大量宋代文献，凸显宋代节日的官方特色和时代特色，如《国朝会要》《东京梦华录》《岁时杂记》，从中可了解到许多

---

① （宋）陈元靓：《岁时广记》，中华书局1985年版，第316页。
② （宋）陈元靓：《岁时广记》，中华书局1985年版，第174页。
③ （宋）陈元靓：《岁时广记》，中华书局1985年版，第175页
④ （宋）陈元靓：《岁时广记》，中华书局1985年版，第203页。

宋代官方节日以及节日活动情况，如祥符年间官方对六月六日的设定："《国朝会要》：祥符二年六日，诏在京诸州六月六日并赐休假一日，前此遣中使，诣宰臣王旦第，特令中外赐假，至今以为休务"，"《国朝会要》曰：祥符四年正月，诏以六月六日天书再降日为天贶节，在京禁屠宰九日，诏诸路并禁，从欧阳彪之请也"；又如设定八月十五为科举日："《会要》：太祖乾德四年，始开科举，诏诸州以八月十五日试乡举。又《琐碎录》云：科举年，中秋必有月，四川以八月十五日省试"。① 还有很多对节日细节的描绘，如引用《东京梦华录》中描绘的正月十五观灯的热闹场面，对不同种类灯的详细介绍，等等。

此外，书中还录有大量节日传奇故事、小说以及有关节日的诗词歌赋。节日被赋予浓厚的人文色彩，寄予了人们趋利避害的美好生活愿望，显示出节日文化的人文性。

三 《岁时广记》的文献价值

《岁时广记》引用了大量文献，几乎涵盖了经史子集，出现次数较多的是与月令、岁时民俗、文学有关的文献，如《夏小正》《四民月令》《风土记》《荆楚岁时记》《四时纂要》《韦氏月录》《西京杂记》《玉烛宝典》《辇下岁时记》《秦中岁时记》《白氏六帖》《岁华纪丽》《金门岁节》《东京梦华录》《岁时杂记》，等等。

医药养生类文献有：《齐民要术》《神农本草》《图经本草》《太清草木方》《经验方》《千金翼方》《千金月令》《齐人月令》《摄生月令》。

《岁时广记》还大量引用与节日相关的传说故事，这些传说故事是对节日内涵的建构，也是对节日文化的强化与传承。如《酉阳杂俎》《异闻录》《拾遗记》《荆湖近事》《续齐谐记》《述异记》《搜神记》《东观汉记》《夷坚甲志》《夷坚乙志》《夷坚丙志》《夷坚丁志》

---

① （宋）陈元靓：《岁时广记》，中华书局1985年版，第282、349页。

《纂异记》《录异记》《稽神录》《唐书列传》《时镜洞览记》《神仙传》《录异传》《琴操》《列仙传》《殷芸小说》《汝南先贤传》《挥尘前录》《神仙感异传》《仙传拾遗》《广异记》《幽明录》《传奇》《女仙录》《续仙传》《洞仙传》《开元遗事》《天宝遗事》《开元杂记》《文昌杂录》《博闻录》《明皇杂录》《明皇实录》《三仙杂录序》《东皋杂录》《琐碎录》《乐府杂录》《海录碎事》

占候之书有：《淮南毕万术》《月令占候图》《阴阳书》《杂五行书》《风角书》。

前朝史书：《尚书》《左传》《尧典》《汉书》《晋史》《梁史》《晋书》《北齐书》《史略》《唐书》《南越志》《唐史》《后汉书》《五代史》《北齐史》《宋书》。

还引用了大量诗词赋，此处不一一列举。

陆心源所谓"（《岁时广记》）皆载原书录全文，不若南宋兔园册之饾饤，其所采各书如《岁时杂记》之类今皆不传，赖此存其崖略耳"[①]。指明了《岁时广记》辑录文献的一个特点就是尽量载录原文，当今一些亡佚或散佚之书如《荆楚岁时记》《岁时杂记》皆可据《岁时广记》中的引文得到某种程度的再现。

《岁时广记》引用频率最高的岁时民俗著作是《岁时杂记》和《荆楚岁时记》，引用次数分别为173处和56处。《岁时杂记》现已亡佚，且没有辑录本。董德英《陈元靓〈岁时广记〉及其辑录保存特点与价值》一文通过分析《岁时广记》"煎术汤""争春牛""严火禁""作角粽"条目内容，呈现《岁时广记》"载原书录原文"的辑录特点。[②]《荆楚岁时记》在宋元之际已亡佚，明万历年间出现两种辑本，即陈继儒的《宝颜堂秘笈》本和何允中的《广汉魏丛书》本，是从类书中辑录的。陈继儒《宝颜堂秘笈》本录有一卷，共48条，何允中《广汉魏丛书》本录有一卷，共36条。据统计，当代流传的

[①] （清）陆心源撰，郑晓霞辑校：《仪顾堂集辑校》，广陵书社2015年版，第340页。
[②] 董德英：《陈元靓〈岁时广记〉及其辑录保存特点与价值》，《古籍整理研究学刊》2017年第6期。

《荆楚岁时记》有21种版本。① 这些版本主要依据《宝颜堂秘笈》本及《广汉魏丛书》本的内容辑录。下面主要对《岁时广记》引录的《荆楚岁时记》探讨两个问题。

1. 《岁时广记》引用《岁时记》的全称

《岁时广记》中有八处引用《岁时记》，从引用内容及相关信息可判断《岁时记》应该为某书的简称，为哪部书的简称尚值得商榷。《岁时广记》中引用过《荆楚岁时记》《辇下岁时记》《秦中岁时记》《岁时杂记》，且从书名上看，这四部书都有可能被简称为《岁时记》。从内容上看《辇下岁时记》与《秦中岁时记》记录的是唐代陕西长安一带的岁时风俗，应与荆楚岁时风俗有很大不同。现将文中引用《岁时记》的内容示列如下：

> 贴画鸡：
> 杜公瞻注《岁时记》云，余日不刻牛羊狗猪马之像，而二日独施人鸡，此则未喻，予以意度之，正旦画鸡于门，谨始也，七日贴人于帐，重人也。②
>
> 为龙饼：
> 《岁时记》：三月三日或为龙舌饼。③
>
> 呷井水：
> 《岁时记》：京师人于立秋日人未动时汲井花水，长幼皆呷之。④
>
> 十八浴：
> 《岁时记》：人皆言立秋后不浴十八次，以其渐凉，恐伤血也。⑤

---

① 王幼敏：《〈荆楚岁时记〉卷数版本初考》，《杭州师范学院学报》1992年第5期。
② （宋）陈元靓：《岁时广记》，中华书局1985年版，第59页。
③ （宋）陈元靓：《岁时广记》，中华书局1985年版，第206页。
④ （宋）陈元靓：《岁时广记》，中华书局1985年版，第291页。
⑤ （宋）陈元靓：《岁时广记》，中华书局1985年版，第291页。

第四章　岁时民俗专著《岁时广记》　　　　　　　　　　　　187

猫饮水：

《岁时记》：立秋后猫饮水，则子母不相识。①

七孔针：

吕氏《岁时记》云：今人月下穿针，实不可用，其状编如箧子为七孔，特欲度线尔。②

送缣绵：

《岁时记》：十月朔，人家送亲党薪炭酒肉缣绵，新嫁女送火炉。③

添红线：

《岁时记》：晋魏间，宫中以红线量日影，冬至后日添长一线。④

由上引用部分可看到，第一条有"杜公瞻注"字样，很明显是《荆楚岁时记》内容。第二条，三月三或为龙舌饼，《荆楚岁时记》中记有三月三"取鼠曲汁蜜和粉，谓之龙舌料，以压时气"⑤。为龙饼应为荆楚一带习俗，此条应出自《荆楚岁时记》。第八条为《荆楚岁时记》内容，因《荆楚岁时记》中记有"冬至日，作赤豆粥，以禳疫，量日影。按，共工氏有不才之子，以冬至死为疫鬼，畏赤小豆，故冬至日作赤豆粥以禳之，又魏晋间宫中以红线量日影，冬至后日影添长一线"⑥。《岁时广记》引用《岁时杂记》达 173 次，所引用《岁时杂记》多次出现"京师人"字样，因此，第三条叙述风格与《岁时杂记》更为接近，可以推断为《岁时杂记》内容。但宋金龙校注的《荆楚岁时记》以《宝颜堂秘笈本》万历刊本作为底本，将第三、四、五条作为《荆楚岁时记》的逸文，但并未给出合理解释。第

---

① （宋）陈元靓：《岁时广记》，中华书局1985年版，第292页。
② （宋）陈元靓：《岁时广记》，中华书局1985年版，第302页。
③ （宋）陈元靓：《岁时广记》，中华书局1985年版，第405页。
④ （宋）陈元靓：《岁时广记》，中华书局1985年版，第415页。
⑤ （宋）陈元靓：《岁时广记》，中华书局1985年版，第219页。
⑥ 王毓荣：《荆楚岁时记校注》，文津出版社1988年版，第226页。

六条"七孔针"前明确标明"吕氏《岁时记》",明显为吕原明的《岁时杂记》。《岁时杂记》中记有相关十月朔的记录,内容都是十月朔赐锦缎、置酒肉、进暖炉炭,与第七条在内容上是一致的,因此也可推断第七条出自《岁时杂记》。由上简析,笔者认为第一、二、八条为《荆楚岁时记》内容,第三、四、五、六、七条为《岁时杂记》内容。

此外,题名为《皇朝岁时记》的标目有"御赐酒""赐甲煎""制官药"三个条目,如

御赐酒
皇朝岁时记:重九日,赐臣下糕酒,大率如社日,但插以菊花。①

赐甲煎
皇朝岁时记:腊日国朝旧不赐口脂面药。熙宁初,始赐二府以大白金奁二小陶罂,口脂甲煎各一,并奁赐之。②

制官药
皇朝岁时记:腊日,政府以供堂钱制药,分送诸厅,其后多分送药材,如牛黄丹砂龙脑金银箔之类,张杲卿执政日,独以为伤廉,不受,开封府及旧三司则集众钱,合和均分,他官入钱皆得之,外郡亦然。③

因《岁时广记》中也有将《东京梦华录》记为《皇朝东京梦华录》,指明文献是宋代所有,再结合"赐甲煎"中的内容:"熙宁初始赐二府以大白金奁二",熙宁为宋神宗年号,"制官药"中出现"开封府"字样,开封府为北宋都城,而《辇下岁时记》与《秦中岁时记》记录的是唐代陕西长安一带的岁时风俗,应与荆楚一带的岁时

---

① (宋)陈元靓:《岁时广记》,中华书局 1985 年版,第 381 页。
② (宋)陈元靓:《岁时广记》,中华书局 1985 年版,第 423 页。
③ (宋)陈元靓:《岁时广记》,中华书局 1985 年版,第 424 页。

第四章 岁时民俗专著《岁时广记》

风俗有很大不同。由此也可判断此三条《皇朝岁时记》为宋代吕原明《岁时杂记》的内容。

2.《岁时广记》引用《荆楚岁时记》与现存《荆楚岁时记》比照

现存文献中,《岁时广记》引用次数最多的是《荆楚岁时记》。《荆楚岁时记》成书于南北朝,是我国第一部描写荆楚地区岁时民俗的专著。隋唐时期《荆楚岁时记》逐渐传播开来。明万历年间出现两种辑本,陈继儒《宝颜堂秘笈》本和何允中《广汉魏丛书》本。

但《岁时广记》所引《荆楚岁时记》的一些条目内容在陈继儒《广秘笈》本和何允中《广汉魏丛书》本中并不存在,可以为当今《荆楚岁时记》更全面的辑录提供资料参考。如以下条目:

> 为法乐
> 《荆楚岁时记》:荆楚人相承,四月八日迎八字之佛于金城,设幡幢鼓吹,以为法乐。①
> 乞子息
> 《荆楚岁时记》:四月八日,长沙寺阁下九子母神。市肆之人无子者,供薄饼以乞子,往往有验。②
> 捕蟾蜍
> 《荆楚岁时记》云:五月五日,俗以此日取蟾蜍为辟兵,六日则不中用。③
> 得啄木
> 《荆楚岁时记》云:野人以五月五日得啄木货之,主齿痛。④
> 羹枭鸟
> 《荆楚岁时记》云:闻之当唤狗耳。又曰:鸮大如鸠,恶声,

---

① (宋)陈元靓:《岁时广记》,中华书局1985年版,第226页。
② (宋)陈元靓:《岁时广记》,中华书局1985年版,第228页。
③ (宋)陈元靓:《岁时广记》,中华书局1985年版,第272页。
④ (宋)陈元靓:《岁时广记》,中华书局1985年版,第272页。

飞入人家不祥，其肉美，堪为炙。①

进谑词

《荆楚岁时记》：重九日常有疏雨冷风，俗呼为催禾雨。②

埋大石

《荆楚岁时记》：十二月暮日，掘宅四角，各埋一大石为镇宅。③

这七个条目在陈继儒《宝颜堂秘笈》本及何允中《广汉魏丛书》本中都未出现，当代辑录《荆楚岁时记》的版本④或是依据此二版本也未将以上条目内容收录，如"捕蟾蜍""羹枭鸟"，或是以《岁时广记》为主要参考资料，将其补录。因此《岁时广记》相关引用内容的全面和完整为《荆楚岁时记》的完整辑录提供了资料参考。

3."厌儿疾"的具体时间

关于"厌儿疾"的时间，王毓荣在校记中也指出了这一问题，"《玉烛宝典》八引作'世俗八月一日'。《岁华纪丽》三引作'八月一日'。《锦绣万花谷》四引作'楚俗以八月一日'。《太平御览》二四、《天中记》五引作'八月十日'。《月令采奇》三引作'初

---

① （宋）陈元靓：《岁时广记》，中华书局1985年版，第273页。
② （宋）陈元靓：《岁时广记》，中华书局1985年版，第391页。
③ （宋）陈元靓：《岁时广记》，中华书局1985年版，第440页。
④ 王幼敏：《〈荆楚岁时记〉卷数版本初考》，《杭州师范学院学报》1992年第5期。本书主要参考（1）姜彦稚辑校《荆楚岁时记》，中华书局2018年版。姜本以明刻《广汉魏丛书》本为底本，补以《广秘笈》本及其他古籍，引书34种，内容较明、清辑本丰富，书后附有宗懔及其著作的材料。（2）宋金龙校注《荆楚岁时记》，山西人民出版社，1987年版。宋金龙注本以《广秘笈》本为底本，《广汉魏》本作补充，校以他书。注本后附录逸文，收书45种，取材广泛。（3）王毓荣校注《荆楚岁时记校注》，文津出版社1988年版。王毓荣以宝颜堂秘笈本为底本，参阅四库全书本、说郛本、广汉魏丛书本诸书及古注、类书。（4）宗懔撰，杜公瞻注《荆楚岁时记》，《丛书集成初编》据《宝颜堂秘笈》本排印，中华书局1991年版。（5）谭麟译注的《荆楚岁时记》，湖北人民出版社1999年版。谭麟译注本以《四部备要》本为底本，参阅《说郛》《湖北先正遗书》诸本及唐宋类书。

第四章　岁时民俗专著《岁时广记》　　　　　　　　　　191

十'"。① 但只是简单罗列，并没有予以分析鉴别，下文简单分析。

关于这一条目，不同文献中出现了三个不同时间，分别是："八月十四日""八月十日""八月一日"，文本内容如下。

第一，八月十四日。

陈继儒《宝颜堂秘笈》本，何允中《广汉魏丛书》本此条时间标为"八月十四日"，内容基本无差别，为：八月十四日，民并以朱墨点小儿头额，名为"天灸"，以厌疾。又以锦彩为眼明囊，递相遗饷。②

第二，八月十日。

《岁时广记》《太平御览》此条时间标为"八月十日"，内容分别为：

> 八月十日，泗民以朱点小儿头，名为天灸，以厌疾也。③
> 八月十日，四民并以朱点小儿头，名为天灸，以厌疾也。④

这两条的主语并不相同，《太平御览》中所记的主体为"四民"，《岁时广记》中所记的主体为"泗民"。谭麟对"四民"的释义为"士、农、工、商"⑤，笔者查阅《辞海》中"泗"的释义为：其一，鼻涕，《诗陈风泽陂》："涕泗滂沱。"其二，泗水，水名。源出山东泗水县东蒙山南麓，四源并发，故名。⑥ 所以，若主体为"泗民"，可理解为山东泗水一带的民众，但《荆楚岁时记》记录的是南朝时期荆楚地区的岁时风俗，为何会牵扯山东泗水一带的民众？可以判断

---

① 王毓荣：《荆楚岁时记校注》，文津出版社1988年版，第207页。
② （梁）宗懔撰，谭麟译注：《〈荆楚岁时记〉译注》，湖北人民出版社1999年版，第104页，以《广汉魏丛书》本为底本。王毓荣：《荆楚岁时记校注》，文津出版社1988年版，第207页，以《宝颜堂秘笈》本为底本。
③ （宋）陈元靓：《岁时广记》，中华书局1985年版，第37页。
④ （宋）李昉等：《太平御览》，中华书局1985年版，第115页。
⑤ （梁）宗懔撰，谭麟译注：《荆楚岁时记译注》，湖北人民出版社1999年版，第80页。
⑥ 《辞海》，上海辞书出版社1979年版，第975页。

《岁时广记》此处"泗"为误。

第三，八月一日。

《岁华纪丽》卷三，"八月"中此条记录的时间标为"八月一日"，内容为：

> 《荆楚记》云：八月一日以朱墨点小儿头名为天灸，以厌病也。①

经查阅《锦绣万花谷》所记厌儿疾的时间也是八月一日。

> 《锦绣万花谷》：天灸：《荆楚岁时记》楚俗以八月一日以朱墨点小儿头额为天灸，以厌疾病。②

《岁华纪丽》《锦绣万花谷》是隋唐文献，比《岁时广记》和《太平御览》成书时间要早，从文献时间上看，"厌儿疾"的时间应该是从"八月一日"演变成"八月十日"再演变成"八月十四日"。单纯从数字上看，我们无法阐述这一演变原因，似乎历史更久远的唐代文献更真实可靠，具有说服力。

结合其他文献，看能否对此有些启发。邝璠的《便民图纂》卷九对"天灸"记录如下：

> （八月）一日取柏叶上露拭目能明目，是日清晨以瓦器于百草头收露水浓磨墨，头疼者，点太阳穴，劳瘵者，点膏肓穴，谓之天灸。十日以朱点小儿头，亦名天灸，以厌疾也。③

天灸并非仅指"以朱水点小儿头"，以朱水点"太阳穴""膏肓

---

① （唐）韩鄂：《岁华纪丽》卷3，商务印书馆1937年版，第92页。
② （宋）佚名：《锦绣万花谷》前集卷4，书目文献出版社1998年版，第81页。
③ （明）邝璠：《便民图纂》，上海古籍出版社1988年版，第930页。

第四章　岁时民俗专著《岁时广记》

穴"也被称为天灸,且时间并不统一,前者在八月十日,后者在八月一日。到底哪一个才为楚地风俗呢?明代陈耀文所撰类书《天中记》卷五对"天灸"的记录:

> 天灸,《风俗通》八月一日是六神日,以露水调朱砂蘸小指宜点灸,去百病。《荆楚岁时记》,楚俗以八月十日,以朱墨点小儿额为天灸,以厌疾病。①

杜台卿《玉烛宝典》中也有如下记录:

> 附说曰:世俗八月一日或以朱墨点小儿额,名为天灸,以厌疾也。……又《续齐谐记》:弘农邓绍以八月旦入花山采药,见一童子执五彩囊盛取柏叶上露,露皆如珠满囊。绍问何用,云赤松先生取以明目。言终遍失其所在,故今人常以八月旦作明眼囊。《荆楚记》则云:锦彩或以金薄为之,递相饷遗。②

《玉烛宝典》中谓"八月一日以朱墨点小儿头"是"世俗",并非"楚俗",其范围更为广泛。

所以可以推断,八月一日的点灸去病是更为广泛区域内的习俗,而八月十日的"以朱墨点小儿头额以厌疾"是楚地特有的习俗。不过文献在传承中,因撰写人的脱衍漏等问题而造成目前各版本不同的记载。因此,对于"厌儿疾"的具体时间,笔者还是较为认同《岁时广记》中的记录。

---

① (明)陈耀文:《天中记》上卷5,广陵书社2007年版,第160页。
② (唐)杜台卿:《玉烛宝典(二)》卷8,商务印书馆1935年版,第321—322页。

参考文献

一 古籍文献

（东汉）应劭撰，王利器校注：《风俗通义校注》，中华书局1981年版。

（梁）宗懔撰，谭麟译注：《荆楚岁时记译注》，湖北人民出版社1999年版。

（唐）韩鄂：《岁华纪丽》，商务印书馆1935年版。

（宋）孟元老：《东京梦华录》，中州古籍出版社2010年版。

（宋）陈元靓：《岁时广记》，中华书局1985年版。

（宋）王钦若等：《册府元龟》，中华书局1960年版。

（宋）李昉等编：《文苑英华》，中华书局1966年版。

（宋）王溥编：《五代会要》，上海古籍出版社1978年版。

（宋）洪迈：《夷坚志》，中华书局1981年版。

（宋）李昉等：《太平御览》，中华书局1985年版。

（宋元）马端临：《文献通考》，中华书局1986年版。

（宋）李昉等：《太平广记》，中华书局1961年版。

（宋）王应麟：《玉海》，江苏古籍出版社1987年版。

（宋）李心传：《建炎以来系年要录》，上海古籍出版社1992年版。

（宋）周密：《武林旧事》，中华书局2007年版。

（元）脱脱：《宋史》，中华书局2000年版。

（清）钱曾：《读书敏求记》，书目文献出版社1983年版。

二 著述

陈戍国：《中国礼制史》，湖南教育出版社 2001 年版。

陈正祥：《中国文化地理》，生活·读书·新知三联书店 1983 年版。

陈植锷：《北宋文化史述论》，中国社会科学出版社 1992 年版。

邓广铭：《邓广铭治史丛稿》，北京大学出版社 2010 年版。

高丙中：《中国人的生活世界——民俗学的路径》，北京大学出版社 2010 年版。

葛兆光：《中国思想史》，复旦大学出版社 2001 年版。

郭建勋：《辞赋文体研究》，中华书局 2007 年版。

侯外庐：《宋明理学史》，人民出版社 1984 年版。

侯外庐：《中国思想史纲》，上海书店出版社 2004 年版。

胡道静：《中国古代的类书》，中华书局 1982 年版。

胡朴安：《中华全国风俗志》，河北人民出版社 1986 年版。

江绍原：《民俗与迷信》，北京出版社 2003 年版。

康保苓：《北宋文化重心研究》，光明日报出版社 2011 年版。

李道和：《民俗文学与民俗文献研究》，巴蜀书社 2008 年版。

刘培：《北宋辞赋研究》，山东人民出版社 2009 年版。

刘晓峰：《东亚的时间：岁时文化的比较研究》，中华书局 2007 年版。

乔继堂等主编：《中国岁时节令辞典》，中国社会科学出版社 1998 年版。

孙开泰：《邹衍与阴阳五行》，山东文艺出版社 2004 年版。

王静悦主编：《中国古代民俗：东京梦华录洛阳伽蓝记程史新编》，黑龙江人民出版社 2004 年版。

王文宝：《中国民俗学史》，巴蜀书社 1995 年版。

乌丙安：《中国民俗学》，辽宁大学出版社 1985 年版。

夏承焘：《唐宋词人年谱》，商务印书馆 2013 年版。

夏日新：《长江流域的岁时节令》，湖北教育出版社 2004 年版。

萧放：《传统节日与非物质文化遗产》，学苑出版社 2011 年版。
萧放：《〈荆楚岁时记〉研究——兼论传统中国民众生活中的时间观念》，北京师范大学出版社 2000 年版。
萧放：《岁时：传统中国民众的时间生活》，中华书局 2002 年版。
萧放、张勃：《中国节庆》，上海古籍出版社 2010 年版。
许结：《赋体文学的文化阐释》，中华书局 2005 年版。
伊永文：《宋代市民生活》，中国社会科学出版社 1999 年版。
于浴贤：《辞赋文学与文化学探微》，中国社会科学出版社 2010 年版。
张冰隅：《农历与民俗文化》，上海教育出版社 2008 年版。
张勃：《明代岁时民俗文献研究》，商务印书馆 2011 年版。
张勃、荣新：《中国民俗通志·节日志》，山东教育出版社 2007 年版。
张勃：《唐代节日研究》，中国社会科学出版社 2013 年版。
张富祥：《宋代文献学研究》，上海古籍出版社 2006 年版。
张岂之：《中国思想史》，西北大学出版社 2012 年版。
张舜徽：《张舜徽学术论著选》，华中师范大学出版社 1997 年版。
张舜徽：《中国文献学》，华中师范大学出版社 2004 年版。
张紫晨：《中国民俗学史》，吉林文史出版社 1993 年版。
赵东玉：《中华传统节庆文化研究》，人民出版社 2002 年版。
赵含坤：《中国类书》，河北人民出版社 2005 年版。
郑振满、陈春声：《民间信仰与社会空间》，福建人民出版社 2003 年版。
周生杰：《太平御览研究》，巴蜀书社 2008 年版。
周星：《国家与民俗》，中国社会科学出版社 2011 年版。

三 国外文献

［法］伏尔泰：《风俗论》，梁守锵译，商务印书馆 1995 年版。
［法］葛兰言：《中国人的信仰》，汪润译，哈尔滨出版社 2012 年版。
［美］包弼德：《历史上的理学》，王昌伟译，浙江大学出版社 2012

年版。

[美] 包弼德：《斯文：唐宋思想的转型》，刘宁译，江苏人民出版社 2001 年版。

[美] 史太文：《幽灵的节日》，侯旭东译，浙江人民出版社 1999 年版。

[日] 清水茂：《清水茂汉学论集》，蔡毅译，中华书局 2003 年版。

[英] 弗雷泽：《金枝》，徐育新等译，新世界出版社 2006 年版。

[英] 泰勒：《原始文化》，连树声译，广西师范大学出版社 2005 年版。

四　期刊

白寿彝：《民俗学和历史学》，《思想战线》1985 年第 1 期。

陈平原《唐宋古文运动述略》下，《浙江社会科学》1996 年第 2 期。

陈植锷：《北宋知识分子的知识结构》，《社会科学研究》1988 年第 1 期。

慈波：《宋代文化与类书繁荣》，《江淮论坛》2004 年第 1 期。

慈波：《宋诗与类书之关系》，《涪陵师范学院学报》2005 年第 6 期。

傅道彬：《〈月令〉模式的时间意义与思想意义》，《北方论丛》2009 年第 3 期。

高丙中：《文本和生活：民俗研究的两种学术取向》，《民族文学研究》1993 年第 2 期。

高丙中：《中国人的生活世界：民俗学的路径》，《民俗研究》2010 年第 1 期。

宫云维：《20 世纪以来宋人笔记研究述论》，《浙江社会科学》2010 年第 1 期。

顾传渥：《何人孟元老》，《南充师院学报》1981 年第 1 期。

官桂铨：《吴自牧小考》，《学术研究》1985 年第 2 期。

管敏义：《从〈夏小正〉到〈吕氏春秋·十二纪〉——中国年鉴的雏

形》,《宁波大学学报》2002年第2期。

韩养民:《中国风俗文化与地域视野》,《历史研究》1991年第5期。

何忠礼、郑瑾:《略论宋代类书大盛的原因》,《浙江大学学报》2003年第1期。

江青松:《〈东京梦华录〉在汉语史研究上的价值》,《上饶师范学院学报》2002年第5期。

孔宪易:《〈东京梦华录〉补注后记》,《史学月刊》1990年第2期。

孔宪易:《孟元老其人》,《历史研究》1980年第4期。

李乐民:《李昉的类书编纂思想及成就》,《河南大学学报》2002年第5期。

李裕民:《宗懔及其〈荆楚岁时记〉考述》,《苏州大学学报》1987年第4期。

李致忠:《〈东京梦华录〉作者续考》,《文献》2006年第3期。

廖源兰:《武大藏本〈事类赋〉两跋辨伪》,《武汉大学学报》1992年第5期。

刘静:《周密字号考》,《西华大学学报》2008年第4期。

刘礼堂、熊燃:《唐代长江上中游地区的岁时节令》,《武汉大学学报》2008年第6期。

刘培:《〈事类赋〉简论》,《济南大学学报》2001年第5期。

刘婷婷:《周密笔记的遗民情怀与史料价值》,《中国石油大学学报》2006年第6期。

牛会娟:《〈岁时广记〉版本考》,《中华文化论坛》2007年第2期。

齐涛等:《中国民俗的历史分期》,《民俗研究》2000年第2期。

权儒学:《宋刻本吴淑〈事类赋〉》,《文献》1990年第2期。

王铁军:《〈岁时广记〉初探》,《东岳论丛》1988年第2期。

吴宗友、曹荣:《论节日的文化功能》,《云南民族大学学报》2004年第6期。

萧放、陈纹珊:《中国民俗文献史的整理与研究综述》,《民间文化论坛》2004 年第 3 期。

萧放:《传统节日:一宗重大的民族文化遗产》,《北京师范大学学报》2005 年第 5 期。

萧放:《传统岁时与当代节日关联研究论纲》,《西北民族研究》2004 年第 2 期。

萧放:《〈荆楚岁时记〉研究述论》,《民俗研究》2000 年第 2 期。

萧放:《〈荆楚岁时记〉作者、注者与版本源流考述》,《湖北大学学报》2001 年第 2 期。

萧放:《岁时——传统中国人的时间体验》,《史学理论研究》2001 年第 2 期。

萧放:《〈月令〉记述与王官之时》,《宝鸡文理学院学报》2001 年第 4 期。

萧放:《中国传统风俗观的历史研究与当代思考》,《北京师范大学学报》2004 年第 6 期。

萧放:《中国历史民俗学的理论与方法论纲》,《北京师范大学学报》2010 年第 2 期。

萧辉、萧放:《岁时生活与荆楚民众的时间观念——〈荆楚岁时记〉研究之一》,《江汉论坛》2000 年第 7 期。

伊永文:《〈东京梦华录〉版本发微》,《古典文学知识》2006 年第 4 期。

伊永文:《〈东京梦华录〉择释》,《河北大学学报》1991 年第 2 期。

伊永文:《孟元老考》,《南开学报》2011 年第 3 期。

伊永文:《以〈东京梦华录〉为中心的"梦华体"文学》,《求是学刊》2009 年第 1 期。

张勃:《民俗学视野下历史民俗文献研究的意义》,《民俗研究》2010 年第 2 期。

郑继猛、霍有明:《"梦华体"补论》,《西北农业科技大学学报》2009 年第 4 期。

周笃文、林岫：《论吴淑〈事类赋〉》，《文史哲》1990 年第 5 期。

周生杰：《〈太平御览〉目录学思想初探》，《牡丹江师范学院学报》2006 年第 5 期。

周生杰：《〈太平御览〉宋代版本考述》，《开封大学学报》2007 年第 1 期。

周星：《考古学与民俗学》，《江汉考古》1991 年第 4 期。

祝尚书：《论赋体类书及类事赋》，《四川大学学报》2008 年第 5 期。

后　　记

　　2011年我有幸进入武汉大学中国古典文献学专业攻读博士学位，这对于硕士专业为文艺学的我来说是一个美好而艰难的开始。文献学研究方法与文艺学研究方法大相径庭，中国历代文献犹如一座座大山耸立在我面前。依然记得背诵《说文解字》部首时的笨拙；通读清代小学名家著作时的艰涩；为古文断句、标点时的惶恐。此时基本定下岁时民俗文献的研究方向，距离今天已经整整十年了。文献基础相对薄弱，但有一定理论基础，是我的学源特点，也是我在本书中力图扬长避短的地方。

　　研究方向的选定，得益于导师刘礼堂教授的因材施教。刘老师知晓我硕士论文撰写的是巴赫金的狂欢化理论，这一选题与欧洲狂欢节及狂欢文化紧密相关，因而建议我继续研究中国古代节日。我攻读博士的初衷也是为了继续探讨硕士论文中尚未明晰的一些问题，与导师不谋而合，自然欣然接受。如果继续往前追溯，硕士论文选题的选定则要感谢导师胡亚敏教授的惠赐与指导。巴赫金的狂欢化理论虽然与欧洲早期狂欢文化现象紧密相关，却并未拘泥于此，巴赫金着重探讨的是狂欢式的世界感受如何在一定程度上转化为文学语言，在世代文学作品中传承下来，成为狂欢化文学，成为一种文学体裁，将狂欢化作为一个重要的文学批评术语，来分析小说文本中的狂欢因素。这种注重文本分析的研究方法对我产生很大影响，在本书的撰写中也得到凸显。研究中国古代节日的初衷是希望探讨中国古代节日中特有的文化精神，但本书显然并没有实现这一目标，只是向这一目标迈出一小步，以文献学的方法整理分析相关岁时文献，通过对相关文献的文本梳理，试图发掘中国古代节日文化建构的痕迹与规律。

记得博士论文答辩后，跟一起奋战的同窗笙歌畅饮，大家当时面临着同样的论文、就业压力，日日奋战在图书馆，相互陪伴鼓励，回想那段岁月，仍然怀念感激。几年之后，在将定稿发于耿晓明编辑的这个周末，我又深深松了一口气，这个漫长的过程终于孕育出一个小小的果实。这是一个漫长的过程，贯穿于我人生的第四个十年，正如我人生的第二个、第三个十年一样漫长。回想人生前四十年，相比于同龄人，我的步伐似乎是异常缓慢，时常走走停停，既未能高瞻远瞩，也不能未雨绸缪。所幸这条道路是自己所选，异常坚定，父母也一以贯之的支持，艰难之时似乎也充满力量与希望，只是回顾过往，难免顾影自怜、唏嘘感叹一番，勿哂。

2021 年 5 月 9 日记于长师